Gail Evans
Business Games

Gail Evans

Business Games

Spiele wie ein Mann
siege
wie eine Frau

Aus dem Amerikanischen von
Ebba D. Drolshagen

Krüger Verlag
Frankfurt am Main

Die amerikanische Originalausgabe erschien 2000
unter dem Titel »Play Like a Man, Win Like a Woman«
im Verlag Broadway Books, New York

Die deutsche Ausgabe erschien im Krüger Verlag, Frankfurt am Main:

Satz: Pinkuin Satz und Datentechnik, Berlin
Druck und Einband: Clausen & Bosse, Leck
Printed in Germany 2001
ISBN 3-8105-0525-0

Für Juliana, Jason und Jeffrey

Inhalt

Vorwort

Was weibliche Rollenmodelle angeht, habe ich Glück gehabt. Ich wuchs in dem Glauben auf, dass Frauen alles können – diese Überzeugung hatte ich von meiner Mutter geerbt. Auf den ersten Blick schien sie eine völlig konventionelle Frau zu sein, eine Hausfrau in einer Neubausiedlung, die für ihr Haus und die Karriere ihres Mannes lebte. Doch mir gab sie immer zu verstehen, dass eine Frau die Verantwortung für ihr eigenes Leben trägt und es in vollen Zügen leben soll.

Sie selbst beherzigte diesen Rat. Sie ließ es ihrer Familie an nichts fehlen, aber sie kümmerte sich außerdem noch um ein »adoptiertes« jüngeres Geschwisterpaar aus einer lokalen Institution für jugendliche Straftäter, unterrichtete an der jüdischen Blindenschule und fuhr als Sanitätswagenfahrerin des Roten Kreuzes körperlich und psychisch behinderte Kriegsveteranen zu Picknicks und Sportveranstaltungen.

Meine Mutter hatte in den zwanziger Jahren eine Kette von Kurzwarenläden geleitet. Nach ihrer Hochzeit hatte sie diesen Beruf aufgegeben, aber sie hatte niemals ihren Elan oder ihren Glauben an sich verloren. Mein Leben lang lehrte sie mich zweierlei: Ich sollte eine gute und

eine richtige Frau sein. Ich konnte sein, wer ich sein wollte.
Ich habe mir diesen Rat zu Herzen genommen. Als ich 1963 das College beendet hatte, begann ich eine erfolgreiche Karriere in der Politik, ich arbeitete im amerikanischen Kongress und im Weißen Haus. Aber als ich heiratete, gab ich – wie meine Mutter und wie fast alle Frauen damals – meinen Beruf zugunsten der Karriere meines Mannes auf. Wir zogen nach Atlanta, lebten einige Zeit in der Sowjetunion und kehrten dann nach Georgia zurück, wo ich meine drei Kinder großzog. Damals begann ich, als Freiberuflerin für internationale Organisationen Recherche- und PR-Aufträge zu übernehmen. 1980 ging ich zum Fernsehsender CNN, der gerade gegründet worden war.
Schließlich erhielt ich die Chance, die erste zentrale Booking-Abteilung einer Fernsehstation aufzubauen (›booking‹ ist die Suche nach Experten, die in Fernsehsendungen auftreten können). Als CNN zu CNN International wurde, wurde mein Verantwortungsbereich auch auf diesen Fernsehsender ausgedehnt. 1987 wurde ich zum *Vice Director* ernannt; zwei Jahre später gründete ich *CNN& Co*, die erste Fernseh-Talkshow, in der sich Frauen über die wichtigsten Themen des Tages und nicht nur über »Frauenthemen« unterhielten. Nach meiner Beförderung zum *Senior Vice President* war ich an der Entwicklung von *TalkBackLive* beteiligt, dem ersten interaktiven Nachrichtenprogramm im Fernsehen, 1996 brachte ich *Burden of Proof* in das Programm, die erste tägliche Talkshow zu Rechtsfragen in einem Kabelkanal. Daneben habe ich – wie meine Mutter – immer versucht,

auch für andere da zu sein. 1997, dem Jahr, als ich *Executive Vice President* von CNN wurde, berief Präsident Clinton mich in die Commission of White House Fellows. Ich gehöre dem Committee of 200 an, dem International Women's Forum, dem Citizens Review Panel of the Juvenile Court of Atlanta und habe an der Atlanta's Emory University Business School ein Seminar über Geschlechterfragen im Berufsleben unterrichtet. Außerdem bin ich im Vorstand mehrerer Universitäten und Wohltätigkeitsorganisationen.

Ich habe eine Tochter, zwei Schwiegertöchter und eine Enkelin und hoffe, sie sehen ihr Frausein mit ebenso viel Optimismus, wie meine Mutter und ich es taten.

Falls sie das tun, haben sie Glück. In den letzten beiden Jahrzehnten habe ich Tausende von Frauen kennen gelernt, die mir erzählten, wie verloren sie sich in einer Arbeitswelt fühlen, wo in aller Regel die Männer herrschen und die Frauen folgen. Ich habe immer versucht, diesen Frauen so gut wie möglich zu raten, habe immer gehofft, dass ich eines Tages Frauen kennen lernen würde, die meinen Rat nicht brauchen.

Dann wurde ich eingeladen, vor Studentinnen und Absolventinnen der Harvard Business School zu sprechen. Ich dachte, dass ich dort eher als irgendwo sonst Frauen treffen würde, die die Arbeitswelt erobert hatten.

Ich irrte. Die Harvard-Frauen beherrschten ihr akademisches Fach und waren in hohe Positionen aufgestiegen, aber sie fühlten sich isoliert. Sie klagten darüber, dass sie sich in einer männerdominierten Arbeitswelt oft verloren vorkamen und unsicher waren, wie sie sich verhalten sollten.

Da beschloss ich, in knapper Form all das aufzuschreiben, was meine Mutter mich gelehrt hatte, all das, was ich an meine Tochter und Schwiegertöchter weitergegeben und in Hunderten von Vorträgen vor Frauen im ganzen Land gesagt habe. Das Fernsehen ist das große Medium unserer Zeit, aber für mich ist das gedruckte Wort immer noch der beste Weg, Geschichte weiterzureichen. Ich persönlich glaube fest daran, dass ich nur so gut bin wie das, was ich aus dem letzten Buch mitnehme, das ich gelesen habe.

Ich hoffe, dass Sie aus diesem Buch die Fähigkeit mitnehmen, in einem Berufsklima zu arbeiten, in dem Sie nie sagen werden: »Ich habe heute nicht bekommen, was ich verdient habe, weil ich als Frau nicht wusste, wie das Spiel gespielt wird.«

Mein sehnlichster Wunsch ist, dass wir eines Tages keine Gespräche über Ungleichheit zwischen Männern und Frauen am Arbeitsplatz mehr führen werden. Dann werden wir als Ebenbürtige zur Arbeit kommen, und es wird nur noch darum gehen, wie wir unsere Arbeit machen.

Einleitung

Vor kurzem hielt ich auf einer Tagung erfolgreicher Geschäftsfrauen einen Vortrag. Danach wurde ich geradezu überrannt, eine nach der anderen kam zu mir und bat mich um Rat.

Das geschieht bei solchen Gelegenheiten immer. Ich rede, ich höre zu, und immer wieder kommen mir die gleichen Wörter zu Ohren – »verblüfft«, »wütend«, »verloren«, »in der Falle«, »festgefahren«, »überrumpelt« –, wenn eine Frau nach der anderen mir erzählt, dass sie in ihrer Karriere nur bis an einen bestimmten Punkt gekommen ist und nicht weiterkommen kann.

Eine der Konferenzteilnehmerinnen erzählte mit, sie gehöre dem Vorstand eines großen amerikanischen Unternehmens an. Sie sei seit zwei Jahrzehnten in dieser Firma, in den letzten vier Jahren habe sie zwei neue, pompös klingende Titel bekommen, aber nicht mehr Macht. Sie meinte, jetzt sei sie endgültig an der Glasdecke angekommen.

»Haben Sie klar gesagt, was Sie wollen?«, fragte ich sie. »Haben Sie etwas unternommen?«

»Nein«, sagte sie.

Wie viele Frauen versteht auch sie nicht, dass man nicht

stumm und lammfromm mit etwas lebt, das ständige und gravierende Unzufriedenheit auslöst. Man versucht, es zu ändern.

Ich sagte ihr, sie müsse etwas unternehmen.

»Was?«, fragte sie.

»Irgendetwas«, sagte ich. »Eins führt zum anderen. Reden Sie mit dem Chef. Gehen Sie auf Stellensuche. Egal. Aber *tun* Sie etwas.«

Sie seufzte. »Ich verstehe das nicht. Sie wissen doch, wie gut ich arbeite. Warum geben sie mir nicht einfach, was mir dafür zusteht?«

Mit dieser Einstellung verliert sie das Spiel.

Wenn Sie vor Spielbeginn die Gebrauchsanweisung nicht lesen, wissen Sie nicht, was Sie tun müssen. Sie öffnen die Schachtel, vor Ihnen liegen das Brett, die Spielfiguren, der Würfel, aber Sie verstehen nichts. Wenn Sie allein spielen, können Sie improvisieren, es kann allerdings sein, dass Sie es falsch machen. Wenn Sie mit anderen spielen, können Sie es sich bei ihnen abgucken. Aber während Ihre Mitspieler sich anstrengen zu gewinnen, müssen Sie sich immer noch fragen, ob Sie das alles überhaupt richtig machen.

Ob es um Golf, Monopoly, Hockey oder Fußball geht, erst müssen Sie die Regeln verstehen. Warum sollte das bei dem Berufsspiel anders sein? Das Berufsleben ist ebenso ein Spiel wie jedes andere – ob Brettspiele oder Einzel- oder Mannschaftssportspiele. Denken Sie an die vielen Redewendungen wie Teamgeist, am Zug sein, mit verdeckten Karten spielen, ein Eigentor schießen, hoch pokern, die Spielregeln diktieren, das Spiel in die Hand nehmen.

Unter dem Strich gilt: Im Berufsleben sind die meisten Frauen im Nachteil. Wir müssen raten, improvisieren, bluffen (was wir nicht besonders gut können – siehe das fünfte Kapitel: Singen Sie Ihr Loblied). Aus diesem Grund sind nur wenige von uns in diesem Spiel gut, darum haben noch weniger wirklich Spaß daran.
Und was ist mit den Männern? Die lesen keine Gebrauchsanweisungen, sagen Sie. Stimmt. Sie haben es nicht nötig. Männliches Denken hat diese Spielregeln erfunden. Es ist nicht so, dass sie Frauen dabei absichtlich übergehen wollten oder missbilligt hätten, was Frauen zu sagen haben. Aber als die Umgangsformen der Geschäftswelt entstanden, waren kaum Frauen da, die daran hätten mitwirken können. Die Männer konnten alle Regeln bestimmen, weil sie allein bestimmten.
Frauen haben es in den letzten hundert Jahren weit gebracht. Aber dieser Fortschritt verlief weder geschmeidig noch gradlinig. Manchmal gab es sogar Rückschritte. Im Zweiten Weltkrieg beispielsweise zog man wegen des Arbeitskräftemangels Frauen heran, um Männerarbeit zu verrichten. Das taten sie sehr gut, aber nach Kriegsende schickte man die Lokfahrerinnen und Stahlkocherinnen wieder nach Hause, und die Frauen mussten Jahrzehnte auf eine neue Chance warten.
Das Beste, was man darüber sagen kann, ist, dass wir in der Arbeitswelt still und leise immer mehr geworden sind. Heute ist der Arbeitsmarkt von Frauen übersät, doch es ist wie mit den Bäumen im Gebirge: Je höher man in der Managerlandschaft steigt, umso weniger Frauen sieht man, bis man schließlich an eine Art Baumgrenze kommt, wo man etwa so viele Frauen findet wie Magnolien.

Die Zeitschrift *Fortune* brachte vor einiger Zeit eine Titelgeschichte über die fünfzig mächtigsten Frauen der USA. So weit, so gut. Bedenklich fand ich jedoch, dass die Positionen dieser Frauen – Gründerinnen und Leiterinnen ihrer eigenen Firmen – nicht mit denen vergleichbar waren, die die Männer einer entsprechenden Liste gehabt hätten. Sie wären alle Chefs großer Unternehmen gewesen.

Frauen stellen heute in den USA 46 Prozent aller Erwerbstätigen, im Gegensatz zu 29,6 Prozent im Jahre 1950. Aber 1999 waren von den 11 681 corporate officers der 500 wichtigsten Firmen Amerikas nur 11,9 Prozent Frauen. 1998 waren es 11,2 Prozent. Wenn es in diesem Tempo weitergeht, werden erst 2064 ebenso viele Frauen in den top corporate boards sitzen wie Männer. (In Deutschland sieht es nicht besser aus: Mehr als 90 Prozent der Führungspositionen in Wirtschaft, öffentlicher Verwaltung und Politik sind von Männern besetzt. Je höher die Position ist, desto unwahrscheinlicher ist es, dass eine Frau dafür vorgesehen ist. Managerinnen warten in vergleichbaren Jobs in der Regel länger darauf, befördert zu werden, als ihre männlichen Kollegen.)

Im vergangenen Jahr waren nur 3,2 Prozent der Topverdiener in den großen amerikanischen Firmen Frauen, auf der höchsten Managementebene dieser Unternehmen fanden sich 98 Frauen und 1202 Männer. 496 der 500 bedeutendsten Unternehmen der USA werden von Männern geleitet. Viele von Amerikas Vorzeigeunternehmen – General Electric, Exxon, Compaq – haben gar keine weiblichen officers.

Und selbst wenn Frauen es bis an die Spitze schaffen,

verdienen sie nicht gleich viel: Die Gehälter der höchstbezahlten Managerinnen bewegen sich zwischen 210 001 und 496 Millionen US-Dollar, das der Männer zwischen 220 600 bis 3192 Millionen US-Dollar. Topmanagerinnen verdienen also durchschnittlich 68 Cent für jeden Dollar, den ein Mann auf einem vergleichbaren Sessel bekommt.

Die Realität in der heutigen Geschäftswelt sieht so aus: Eine Frau hat mit größter Wahrscheinlichkeit eine Machtposition inne, wenn sie das Unternehmen selbst gegründet oder geerbt hat. Wir arbeiten uns nicht von unten hoch, bis wir schließlich ins Chefbüro kommen. Und da ist in den Unternehmen die Macht.

Was kann – und soll – eine Frau tun? Die Antwort wäre einfach, wenn Männer und Frauen mit ähnlichen Instinkten geboren würden und ähnlich sozialisiert wären. Aber die meisten Genetiker sind der Ansicht, dass Männer und Frauen mit unterschiedlichen sozialen Anlagen zur Welt kommen. Und dann werden sie, sagen die Soziologen, auf eine Weise erzogen, die diese Unterschiede weiter vertiefen.

Ich möchte Ihnen etwas über meine Kinder erzählen, zwei Jungen und ein Mädchen. Ich wollte sie kompromisslos nicht sexistisch erziehen. Doch vom ersten Tag an bemerkte ich geschlechtsspezifische Unterschiede zwischen ihnen, beispielsweise darin, wie sich meine Söhne und meine Tochter beim Stillen verhielten: Die beiden Jungen waren gleich. Sie tranken, bis der Magen voll war, rülpsten, füllten ihre Windel und schliefen sofort ein. Es war eine schnelle, mühelose Angelegenheit. Ende der Geschichte.

Bei meiner Tochter war das ganz anders. Sie trank ein wenig, schloss die Augen, dann tastete sie, suchte, fühlte, trank, ruhte sich aus, versuchte, die Augen zu öffnen, plapperte, tastete und so weiter. Es war vom allerersten Moment an klar, dass sie an einer Art sozialem Kontakt mit mir interessiert war. Sie wollte wissen, wer ich war, wo sie war. Die Jungen wollten nur eines: satt werden.

Auch Nähren spielt bei Geschlechterunterschieden eine Rolle. Als ich an der Emory University's Goizueta Business School einen Kurs in Geschlechterfragen im Beruf gab, fragte ich meine Studentinnen und Studenten nach den Spielen, die sie als Kinder gespielt hätten. Worum ging es bei dem Spiel, wie viele Kinder waren daran beteiligt, was haben sie bei diesen Spielen gelernt usw.

Wie stets meldete sich als Erster der intelligenteste junge Mann. »Ich war immer mit mindestens einem halben Dutzend anderer Jungen zusammen«, sagte er. »Wir spielten zum Beispiel ein improvisiertes Baseballspiel, Fußball, Straßenhockey.« Und dann fügte er hinzu: »Ihre Frage, worum es gegangen sei, finde ich ziemlich albern. Wir spielten, um zu gewinnen. Warum sonst?«

»Ach du liebe Güte«, unterbrach ihn eine junge Frau. Sie sagte, sie habe nicht in einer Gruppe, sondern immer nur mit einem, höchstens zwei Mädchen gespielt, und dass es immer wichtiger gewesen sei, Freundschaften zu schließen als zu gewinnen. Dann erzählte sie uns von einer Begebenheit, bei der sie mit zwei Freundinnen Mensch-ärgere-dich-nicht spielte. Als abzusehen war, dass eins der Mädchen gleich gewinnen würde, dachten sie sich zusammen neue Regeln aus, um nicht aufhören zu müssen. »Es ging darum, das Spiel so lange wie möglich miteinander zu spielen«, sagte sie. »Wir wollten, dass alle gewinnen.«

Es geht nicht darum, dass einer dieser Standpunkte besser wäre als der andere, sondern darum, dass Jungen und Mädchen von frühester Kindheit an nach verschiedenen Regeln spielen. Und weil Männer die Regeln des Berufsspiels festgelegt haben und Frauen erst jetzt versuchen, erfolgreich mit ihnen zu konkurrieren, kommen wir nur voran, wenn wir diese Regeln kennen.

Das sagt nichts darüber aus, ob Männer ihre Sache gut oder schlecht machen. Die Arbeitswelt wird von Männern beherrscht. Das ist weder Kritik noch Anklage – es ist die Realität. Der männliche Vorsprung verdankt sich selten einer bewussten Diskriminierung von Frauen. Wie fast alle Menschen sind auch Männer gern mit Menschen zusammen, mit denen sie sich wohl fühlen. Die Beziehung zwischen Männern und Frauen am Arbeitsplatz unterscheidet sich nicht drastisch von der zwischen einem europäischen Christen und einem indischen Sikh oder einem Armeegeneral und einem Pazifisten. Gleich und Gleich gesellt sich gern. Unterschiede schaffen Unbehagen.

Es ist nicht zu leugnen, dass unsere Gesellschaft eine Arbeitstrennung zwischen Männern und Frauen geschaffen hat. Historisch war es so, dass ein Geschlecht bestimmte Aufgaben verrichtete und somit deren Regeln bestimmte. In letzter Zeit löst sich diese Trennlinie zunehmend auf, beide Geschlechter schicken sich an, die Grenzen der traditionellen Rollen auszudehnen, ob am Arbeitsplatz oder zu Hause.

So bleiben jetzt viele Männer zu Hause, um Kinder großzuziehen. Wie unsere Gesellschaft Kinder betreut, ist ein von Frauen festgelegtes System – hier haben sie die Regeln gemacht. Es könnte sich jedoch als gut für unsere Kinder erweisen, wenn Männer mehr Einfluss auf die Kindererziehung hätten. Wir hätten vielleicht gesündere Kinder – wie wir vielleicht gesündere Unternehmen hätten, wenn Frauen in ihnen eine größere Rolle spielten. Je größer die Vielfalt am Tisch, umso wahrscheinlicher ist es, dass man bessere Lösungen für alle findet.

Auf den folgenden Seiten finden Sie Ratschläge, mit deren Hilfe Sie Ihr eigenes, ganz persönliches Erfolgshandbuch zusammenstellen können. Um in der Geschäftswelt mitzuspielen, müssen Sie die geltenden Regeln kennen, nach denen Männer spielen – nicht, um sie sklavisch zu befolgen, sondern weil Sie das Spielfeld auch dann verstanden haben müssen, wenn Sie beschließen, ein eigenes Spiel zu erfinden. Sie haben auf einem Spielfeld nicht die gleichen Chancen wie die anderen, wenn Sie nicht wissen, was Sie darauf tun müssen.

1
Worum es bei dem Spiel geht

Handeln bezwingt Verzweiflung
Joan Baez, Folksängerin und politische Aktivistin

Geht es, wie der junge Mann in meinem College-Seminar fragte, bei einem Spiel nicht immer darum zu gewinnen? Aber was bedeutet gewinnen? Ist der mächtigste Konzernchef der Sieger? Der mit dem dicksten Bankkonto? Oder wer am meisten gefürchtet wird?

Für mich liegt der Sinn eines Spiels darin, das, was man tut, wirklich gern zu tun. Das ist das Wichtigste – so sind Sie am Ende wirklich zufrieden und so gewinnen Sie.

Ich weiß, dass ich erfolgreich war, weil ich meine Stellen immer wunderbar fand. Und glauben Sie mir, es waren nicht nur gut bezahlte Positionen in schicken Unternehmen – ich habe vom Adressenaufkleben bis zum Kaffeekochen alles gemacht. Aber was ich auch tat, ich habe mich dabei immer wohl gefühlt.

Ein Beispiel: Als meine Kinder klein waren, wollte ich bei ihnen sein und ging darum mehrere Jahre nicht arbeiten. Um etwas dazuzuverdienen, nahm ich eine Teilzeitstelle an. Ich arbeitete bei einer halbjährlich stattfindenden Messe in Atlanta als Verkäuferin für eine

Konfektionsfirma. Dann machte ich ein Spiel daraus, wie viel ich an Geschäfte verkaufen konnte, die diese Art Kleidung eigentlich gar nicht führten. Das hätte ich nicht mein Leben lang tun wollen, aber solange ich es machte, hatte ich Spaß daran. Außerdem kaufte ich alle Kleider für meine Kinder (und meine eigenen) zu Großhandelspreisen.

Nicht alles, was ich im Capitol oder bei CNN gemacht habe, klang beim ersten Angebot besonders aufregend. Aber ich habe es eigentlich immer geschafft, dass es das schließlich wurde. So trug mir mein Chef einmal auf, das Praktikantenprogramm von CNN völlig umzukrempeln. Zu jener Zeit waren zwei meiner Kinder bereits im College, daher wollte ich nichts weniger, als mich auch noch im Büro um junge Leute im College-Alter zu kümmern. Aber ich machte die Aufgabe zu einer Herausforderung, indem ich mehr Verantwortung übernahm, als man mir angeboten hatte, bis der Job auch noch die Auswahl der Bewerber und die hausinterne Fortbildung umfasste.

Sieger im Berufsspiel ist also nicht unbedingt, wer die meiste Macht, das meiste Geld oder den meisten Ruhm hat. Sieger ist, wer an der eigenen Arbeit am meisten Vergnügen hat. Ich kenne viele unglückliche Menschen mit beeindruckenden Titeln. Aber ich kenne keinen Menschen, der seine Arbeit mag und unglücklich wäre. So einfach ist das.

Außerdem: Wenn Sie Ihren Job lieben, spielen Sie das Spiel sowieso so, wie die Männer es spielen. Denn die laufen nicht auf das Fußballfeld oder rauschen in eine wichtige Konferenz mit dem Gefühl, dass sie lieber woanders wären. Sie sind in Hochstimmung, sie brennen auf die Chance, ihre Lust auf Wettbewerb und Rivalität zu befriedigen.

Es gibt Kraft, wenn man mag, was man tut. Es macht Sie brillanter, verleiht Ihnen visionäre Fähigkeiten, hilft Ihnen, Ihre Begabungen als berufstätige Frau voll und ganz auszuschöpfen. Es verbessert Ihre Chancen, ganz nach oben zu kommen.

Für einige Männer ist die Liebe zum Spiel natürlich gleichbedeutend mit materiellem Erfolg. Es ist das Gesetz von Ursache und Wirkung: Wenn sie an die Spitze kommen und reich werden, finden sie das wunderbar.

Bei Frauen ist es weniger üblich, dass sie ausschließlich an Erfolg interessiert sind. Wir wollen, dass unser ganzes Leben uns gefällt. Und das ist gut so. Wir neigen, anders als Männer, nicht dazu, die verschiedenen Aspekte unseres Alltags voneinander zu trennen (siehe das fünfte Kapitel: Denken Sie konkret und kurzfristig). Daher fällt es schwer, den Optimismus nicht zu verlieren, wenn man uns eine uninteressante Aufgabe überträgt – selbst wenn wir ahnen, dass darin für die Zukunft eine Erfolgsmöglichkeit liegt. Warum verstehen Frauen so schwer, wie wichtig es ist, unsere Arbeit zu lieben? Ich vermute, es liegt daran, dass Frauen in unserer Gesellschaft dazu erzogen werden, sich wohl zu fühlen, wenn sie etwas für andere tun. Man erlaubt uns nicht, uns oder unsere Arbeit zu lieben, es sei denn, sie entspricht der traditionellen Frauenrolle. Wir haben erst in den letzten Jahrzehnten gelernt, dass wir das Zentrum unseres eigenen Lebens sein können. Das bedeutet auch, dass wir unsere Arbeit ebenso enthusiastisch lieben können, wie es jene Männer tun, die voller Ungeduld auf den Sportplatz oder in den Konferenzsaal stürmen. Wenn Sie ein Neugeborenes haben, ist das Wechseln seiner Windeln keine stumpfe Arbeit, denn es geht Ihnen nicht um die Windeln, sondern um das Baby. Für das Kind wollen Sie alles tun, was Sie tun können. Aber wenn es drei Jahre alt ist, verschiebt sich das Augenmerk vom Kind auf die Windel; also beginnen Sie mit der Sauberkeitserziehung.

Ebenso können Sie lernen, jede Aufgabe, die Ihnen an Ihrem Arbeitsplatz übertragen wird, so zu tun, dass Sie sich damit wohl fühlen. Sollten Sie sich allerdings mit Ihrer Arbeit auf Dauer unwohl fühlen, dann verrichten Sie sie nur noch mechanisch und knipsen damit den Schalter aus, den ich »Chance« nenne.

Sie sind in keinem Spiel gut, das Ihnen keinen Spaß macht.

2
Vier Grundregeln

Ich spüre in der Frau etwas Unergründetes, das nur eine Frau ergründen kann.
Georgia O'Keeffe, Künstlerin

Vor einigen Jahren trug ich meinen Studenten und Studentinnen an der Emory Business School auf, erfolgreiche Manager und Managerinnen zu interviewen. Sie sollten herausfinden, was eine gute Führungspersönlichkeit ausmacht, und dann einen Bericht darüber schreiben.
Ich hatte überhaupt nicht die Absicht, diese Aufgabe zu einer Geschlechterdiskussion werden zu lassen, aber es ließ sich kaum übersehen, dass die Begriffe, mit denen die Gesprächspartner – Interviewer wie Interviewte – Männer beschrieben, ganz anders waren als die, die sie für Frauen benutzten.
Die gängigsten Ausdrücke zur Beschreibung von Männern waren: »Quarterback«, »absoluter Gewinnertyp«, »Alpha-Tier«, »Aggression«, »gibt an«, »will siegen«, »hat Macht«, »ist hart im Nehmen«, »hat Spaß dabei«, »sieht die Welt als Haifischbecken«.
Und das waren die Begriffe für die Frauen: »Zusammenarbeit«, »soziales Engagement«, »Teamarbeit«, »andere

achten«, »nicht konkurrent«, »bereit, Macht zu teilen«, »um die Harmonie in der Gruppe besorgt«, »glaubt, dass jeder gewinnen kann«, »möchte von allen gemocht werden«, »fürsorglich«.

In jedem Gespräch über Männer und Frauen, das ich je geführt habe, tauchen unfehlbar bestimmte Begriffe auf, und ob es nun fair ist oder nicht, Professoren und Professorinnen, Studenten und Studentinnen benutzen ebenso wie Geschäftsleute beiderlei Geschlechts das gleiche Vokabular.

Diese Kategorisierungen von Frauen als »sozial« und »kooperativ«, von Männern als »aggressiv« und »hart im Nehmen« gelten auch für dieses Buch. Nicht alle Männer haben Fußball, Schach oder Poker spielen gelernt, nicht alle Frauen haben mit Puppen gespielt und den Wettkampf gescheut, aber die meisten Männer und Frauen wurden durch die Erziehung in ihren Geschlechterrollen bestärkt.

Ich weiß, dass viele Männer als Jungen keine konkurrierenden Spiele oder Sportarten spielten. Und sicher sind viele Frauen stärker und konkurrierender als die meisten Männer. Sie brauchen dieses Buch nicht aus der Hand zu legen, falls Sie eine jener Frauen sind, denen Basketball mehr lag als Puppen. Ich war während der Schulzeit Leistungssportlerin und stand für das Hockeyteam von Westchester County (im Staat New York) im Tor.

Aber im Großen und Ganzen waren und sind die Spiele der Frauen anders als die der Männer. Das ist so, weil Männer und Frauen von Natur aus verschieden sind und unterschiedlich erzogen werden.

Und wenn wir erwachsen sind, arbeiten wir unter-

schiedlich. Es ist wichtig, dass Frauen diese Unterschiede verstehen, denn je bewusster sie uns sind, umso leichter wird der Zugang zur Macht. Unwissenheit ist niemals ein Geschenk des Himmels. Man kann nie zu viel wissen.
Alle Strategien, die Sie verstehen müssen, wenn Sie mitspielen wollen, basieren auf den folgenden vier Grundregeln.

1. Sie sind, wer Sie zu sein behaupten

Bei jedem Spiel muss man Entscheidungen treffen, das Berufsspiel ist keine Ausnahme. Sie werden nur gut abschneiden, wenn Sie Ihre Entscheidungen aus einer Position der Stärke und nicht der Schwäche heraus treffen.
Bei Podiumsdiskussionen bin ich immer wieder überrascht darüber, wie unterschiedlich die Lebensgeschichten der anwesenden Frauen sind – ihr beruflicher Weg war selten so schmal und pfeilgerade wie der Weg der Männer. Der Weg einer Frau hat mehr Hindernisse, vor allem, weil wir uns mit diesem ungeheuren Thema namens Familie befassen müssen. Ich habe nie eine Frau kennen gelernt, die so allein gewesen wäre, dass es nicht irgendwo in ihrem Leben eine wichtige persönliche Beziehung gegeben hätte, seien es Eltern, Geschwister oder Kinder. Das bedeutet, dass viele von uns zwischen Familienpflichten und Beruf pendelten, eine Stelle aufgeben, die Arbeitszeiten ändern, in einer anderen Stadt einen neuen Job suchen mussten.
Männer empfinden in der Regel keine vergleichbare Zer-

rissenheit zwischen den Aufgaben zu Hause und ihrem Fortkommen im Unternehmen. Die Karriere einer Frau – Ihre Karriere – wird also von mehr Faktoren bestimmt sein als seine – Ihr Spielbrett ist komplizierter.
Erschweren Sie sich das Leben nicht zusätzlich, indem Sie sich als Opfer dieses Systems sehen. Eine meiner engsten Freundinnen arbeitet beispielsweise seit 25 Jahren für den gleichen Konzern mit Sitz in Boston. Sie ist sehr erfolgreich, hat aber den Punkt erreicht, an dem sie nicht mehr weiterkommt. Sie betreut Kundenseminare, entwirft neue Marketing-Konzepte und organisiert Konferenzen, aber die Männer haben sie aus der Führungsriege herausgenommen. Sie klagt darüber, dass sie sie nicht wertschätzten, ihr Chef furchtbar sei, ihre Arbeit sie langweile.
»Deine Kinder sind erwachsen, du hast Geld, dein Mann ist erfolgreich«, sage ich zu ihr. »Hör doch auf, wenn du so unglücklich bist.«
Sie sieht mich an, als hätte ich ihr einen Urlaub auf dem Mond vorgeschlagen. Sie hat vor Jahren die Opferrolle akzeptiert und fühlt sich wohl darin. Mehr noch: Sie hatte sich bereits mit dieser Rolle abgefunden, bevor jemand in der Firma sie ihr zudachte, und jetzt vermag keiner sie noch anders wahrzunehmen.
Allzu viele von uns akzeptieren die Rolle der passiven, ausgenutzten Person, vermutlich, weil wir sie an unserem ersten und wichtigsten Rollenmodell erlebt haben – unserer Mutter. Erinnern Sie sich an Samstagmorgen: Sie schliefen lang, ihr Vater saß im Sessel und las die Zeitung, ihre Mutter klagte: »Ich muss so viel erledigen. Ich setze dich auf dem Weg zum Einkaufen an der Ballettschule ab,

die Eltern deines Vaters kommen übers Wochenende, und ich habe noch nichts fürs Abendessen besorgt.«
Wie viele von uns haben je gehört: »Wenn du zum Unterricht musst, frage deinen Vater. Sage ihm auch gleich, was du zum Abendessen willst, und erinnere ihn daran, dass er seine Eltern abholt, die sich zum Wochenende angemeldet haben. Tschüs, ich treffe mich gleich mit einer Freundin zum Mittagessen.«
Frauen haben es sich im Jammern gemütlich gemacht, sich bei Freundinnen und Töchtern beschwert – aber bis vor relativ kurzer Zeit haben wir nichts unternommen, um etwas zu ändern. Wie Frauen, die unglücklich sind oder sogar geschlagen werden und trotzdem verheiratet bleiben, ist es auch uns oft lieber, in der vertrauten Misere zu bleiben, so unangenehm oder beschwerlich sie sein mag, statt eine zukunftsorientierte (und somit potentiell riskante) Veränderung zu wagen.
Meiner Meinung nach haben Frauen nur zwei Möglichkeiten: Wir können selbst entscheiden, wie wir unsere Welt strukturieren, oder die Entscheidung einem anderen überlassen.
Bei den Olympischen Spielen 1980 galt als ausgemacht, dass das Hockeyteam der USA gegen das der Sowjetunion verlieren würde. Dem amerikanischen Team hatte man das allerdings nicht gesagt, sie sahen sich als die beste Mannschaft der Welt. Das sagten sie sich so oft, dass schließlich auch andere anfingen, daran zu glauben. Am Abend des Endspiels wurde diese Überzeugung Realität, sie gewannen die Goldmedaille.
Wenn Sie über Ihre berufliche Zukunft bestimmen wollen, müssen Sie anfangen, indem Sie das entsprechende

Bild von sich ausstrahlen. Wählen Sie sich ein Ziel und sprechen Sie es sich laut vor: »Ich kann diese Abteilung leiten. Ich werde das hervorragend machen.«
Stellen Sie sich vor, dass Sie die Arbeit tatsächlich machen. Wie würde sich das anfühlen? Wie sähe es aus? Versuchen Sie, Ihre positiven Phantasien wahr werden zu lassen. Der erste Schritt zum Erfolg ist, dass Sie sich selbst davon überzeugen, dass Sie erfolgreich sind.

2. Der Preis ist nicht für alle gleich

Kennen Sie die Geschichte von dem Ehepaar, das eine Paartherapie macht, um seine zerrüttete Beziehung zu retten? Der Ehemann sagt: »Ich verstehe es nicht – wir haben ein wunderbares Haus, großartige Kinder, ein tolles Auto – was willst du?« Und die Ehefrau antwortet: »Ich fühle mich einfach nicht erfüllt.« Das Mann blickt verzweifelt; er hatte keine Ahnung, wovon sie spricht.
Frauen erwarten von ihrer Arbeit viel eher ein Gefühl von Erfüllung, als Männer das tun. Die üblichen, an Männern orientierten Belohnungen – Geld, Macht, Prestige – üben auf uns nicht zwingend die gleiche Anziehungskraft aus.
Inzwischen lernen wir, ebenso sehr auf unsere eigenen Bedürfnisse zu achten wie auf die anderer. Das beschert uns ein neues Gefühl von Freiheit und Unabhängigkeit am Arbeitsplatz. In unserem Beruf geht es nicht um unsere Ehemänner, unsere Kinder oder unsere Eltern. Im Idealfall geht es dabei um uns.

Aber wie werden wir mit diesem Wandel fertig? Viele von uns wissen nicht so genau, was wir von diesem Ding namens Karriere eigentlich wollen. Wir grübeln darüber nach, ob es überhaupt eine »Karriere« werden soll, oder nur ein Job, der das Familieneinkommen aufbessert. Wir kreisen um das Problem, ob die Arbeit uns wirklich wichtig sein wird oder ob wir sie nur tun, weil unsere Familie das von uns erwartet. Wir führen endlose Selbstgespräche darüber, wohin unser Weg geht, und irgendwie verläuft die Route nie so direkt, wie wir es erwartet haben.

Wir leben in, wie ich es nenne, göttlicher Unzufriedenheit. An der Stelle ist immer etwas verkehrt, und an der Firma auch. Solche Gedanken können kluge Frauen ziemlich auf Trab halten, denn sie können dazu führen, dass sie sich etwas mehr bemühen. Aber auch dann ist ein solch unsinniger Aufruhr Kraftverschwendung.

Für die meisten Männer ist der eigentliche Job nicht das Entscheidende. Das äußere Drum und Dran des Erfolgs, also Titel, Prestige und/oder Geld kann ihnen jede öde, unangenehme Alltagsroutine versüßen. Männer finden sich mit Jobs ab, die ihnen nicht gefallen, wenn sie dafür prestigeträchtige Vergütungen bekommen.

Nehmen Sie die folgende Geschichte: In den vielen Jahre, die ich Vorträge halte, bin ich immer wieder dem Finanzleiter einer großen Fabrik begegnet, der immer dasselbe erzählte. Er habe in der Buchhaltung angefangen und sich, langsam, aber stetig, über eine uninteressante Stelle nach der anderen hochgearbeitet, bis er endlich, als er sechzig Jahre alt war, seine wunderbare Belohnung erhielt: Die Position, die er immer hatte haben wollen. Er

ist ein intelligenter und anständiger Mann. Aber wenn ich ihn reden höre, schüttelt es mich jedes Mal.
Im Gegensatz zu diesem Finanzleiter tendieren wir Frauen dazu, uns in unserer Firma eine Stelle zu suchen, die wir gut finden, und dann jahrelang dort zu bleiben. Wir ignorieren meist das ganze äußere Brimborium, jene symbolischen Orden- und Ehrenzeichen, die Männer als unverzichtbare Erfolgsmerkmale werten. Für uns ist die höchste Belohnung, einfach sagen zu können: »Ich mache meine Arbeit wirklich gern.«
Vergessen Sie nicht: Wenn Sie Ihre Arbeit gern machen, haben Sie das Spiel gewonnen. Aber Sie müssen auf Ihrem Weg immer auf mögliche Fallen achten. Egal, welches Spiel gespielt wird: Wenn zwei Spieler unterschiedliche Tore anstreben, nähern sie sich dem Ball auf unterschiedliche Weise.
Nehmen wir an, Sie und Karl Mustermann fangen am selben Tag auf derselben Hierarchiestufe an. Karl kommt in den Verkauf, weil er reich werden will, Sie in die Personalabteilung, weil Sie nichts spannender finden als zwischenmenschliche Beziehungen. Fünfzehn Jahre später heben Sie den Blick und stellen fest, dass Karl Abteilungsleiter mit 250 000 Dollar Jahreseinkommen ist, während Sie Abteilungsleiterin mit 125 000 Dollar sind. Und Sie fragen sich: »Habe ich etwas falsch gemacht?«
Nein. Und es gibt auch keinen Grund, das zu glauben, solange Sie sich vor Augen halten, dass Karl Mustermann und Sie damals verschiedene Ziele hatten. Die Vergütungen für die Position der Leiterin der Personalabteilung sind andere als für den Leiter der Marketingabteilung. Zum Titel »Abteilungsleiter« gehört kein festes Jahres-

einkommen, das orientiert sich an dem Wert, den ein Unternehmen der Position beimisst.
Wenn wir uns dafür entscheiden, in dem Erfüllung zu finden, was wir bewirken, statt nur in dem, was wir tun, spielen wir das Spiel nicht so, wie Männer es tun. Denn die denken viel mehr an materiellen Erfolg oder an Macht als an Erfüllung. Mir gefällt der Frauenblick auf den Beruf, weil er ganzheitlich ist. Aber uns muss klar sein, dass unsere Entscheidungen häufig nicht den Regeln einer männlich dominierten Geschäftswelt entsprechen werden, und falls wir eigene Wege gehen, kann das Konsequenzen haben.
Über diese Konsequenzen müssen Sie sich im Klaren sein, bevor Sie sich entscheiden, die Spielregeln der Männer nicht zu befolgen. Gelegentlich habe ich selbst diese Regeln bewusst missachtet – aber nur, wenn ich ganz sicher war, dass ich sie in- und auswendig beherrschte. Ich rechnete auch damit, dass meine männlichen Kollegen an meiner Entscheidung Anstoß nehmen und das Vertrauen in mich als Teammitglied verlieren könnten. Diesen Weg können Sie nur einschlagen, wenn Sie Bescheid wissen.

3. Der Job ist kein Damenkränzchen

Starfire Soccer, ein neues Videospiel, wirbt damit, das erste Sportspiel zu sein, das »ausschließlich für Mädchen« entworfen wurde. Was meint der Hersteller damit? Beziehungen gehören bei dem Spiel ebenso zum Spielverlauf wie die Treffer. In der Anleitung heißt es: »Für den

Sieg zählen nicht nur die geschossenen Tore. Es geht auch um Freundschaft und Spaß.«
Bei den Jungen dreht sich allerdings jedes Spiel ums Gewinnen. Freundschaft kommt nicht vor – jedenfalls nicht für die Spieldauer. Beziehungen finden statt, wenn das Spiel vorüber ist.
Einfach gesagt: Wenn Frauen in den beruflichen Ring steigen, haben sie ein stärkeres Bedürfnis als Männer, Beziehungen zu knüpfen und zu pflegen. Ob wir mit dem Reinigungsangestellten, der Kassiererin oder unserem Chef sprechen, wir wollen eine Lebensgeschichte erfahren, Gefühle austauschen, wir wollen, dass der andere Mensch genau das ist – ein anderer Mensch – und nicht nur ein Gegenüber in einer geschäftlichen Transaktion.
Zahllose Studien belegen, dass Frauen viel mehr enge Freundschaften schließen und pflegen als Männer. Wir erleben jetzt eine neue Ära im Geschäftsleben, Kontakte zu Kunden und deren Betreuung gewinnen an Bedeutung. Hierbei wird die Neigung von Frauen, enge Kontakte zu knüpfen, von großem Nutzen sein. Wenn Sie gut mit Menschen arbeiten können, dann fühlen diese sich wohl mit Ihnen und vertrauen Ihnen. Und Sie sind vermutlich auch eine gute Zuhörerin. Es ist verblüffend, wie oft Menschen uns genau das sagen, was wir wissen müssen, wenn wir es nur schaffen, ihnen und nicht nur unseren ewigen Selbstgesprächen zuzuhören.
Unsere Beziehungstalente könnten unser geheimer Schlüssel zum Erfolg sein. Ich kenne eine Frau, die nicht nur aufgrund ihrer beruflichen Qualifikation in die Führungsriege ihrer männerdominierten Werbeagentur aufgestiegen ist, sondern weil sie diejenige ist, der sich bei

einem zwischenmenschlichen Problem zwischen Kunde und Agentur (noch häufiger allerdings zwischen den Topspielern ihrer eigenen Firma) alle anvertrauen. Im Grunde ist sie die große Vermittlerin, wenn die Topspieler nicht miteinander reden. Dank der ungewöhnlichen Kombination ihrer Talente ist sie für das Funktionieren ihrer Firma unersetzlich.

Eine solche Beziehungsorientiertheit birgt indes Gefahren. So deuten Frauen neutrale Vorkommnisse oft persönlich. Nehmen wir an, Ihr Chef unterhält sich im Korridor mit Ihnen über Ihre Vorschläge zur Umstrukturierung Ihrer Abteilung. Er findet sie offenbar sehr interessant. Dann sagt er plötzlich, er müsse gehen, und Sie denken, er habe es sich anders überlegt und könne Ihren Ideen nun doch nichts abgewinnen. Dabei musste er nur zur Toilette.

Ich habe schon erlebt, dass Frauen ihren Arbeitsplatz in solchem Maße personalisieren, dass sie niemanden anstellen, den sie nicht leiden können – selbst wenn es der perfekte Bewerber ist. Und ich habe Frauen erlebt, die ihrem beruflichen Fortkommen den Todesstoß versetzten, weil sie sich weigerten, mit jemandem zusammenzuarbeiten, den sie nicht mochten. Sie sind mit Ihren Kollegen und Kolleginnen weder befreundet noch verwandt. Sie suchen sie nicht aus, es spielt keine Rolle, wen Sie mögen und wen nicht. Sie müssen nur mit ihnen arbeiten. Ich kenne eine ganze Reihe äußerst erfolgreicher Menschen, die sich strikt weigern, mit ihren Kollegen privat etwas zu tun zu haben.

Menschen, die Sie über Ihre Arbeit kennen lernen, können nette Bekannte sein, Sie können mit ihnen eine gute

Arbeitsbeziehung haben, aber das Schlüsselwort ist immer: Arbeit.

Personalisieren bringt Probleme. Ein Spieler, der mit dem Ball über das Spielfeld rennt, will es unbedingt bis zum Tor schaffen, und er wird jeden umrennen, um dorthin zu kommen. Dass der Verteidiger der anderen Mannschaft sein bester Freund ist, wird ihn nicht daran hindern, ihn beim Kampf um den Ball zu Fall zu bringen – wenn es sein muss.

Als Mädchen haben wir gelernt, dass wir nur bekamen, was wir wollten, wenn wir jemanden bezauberten, sei es eine Freundin, einen Lehrer oder einen Elternteil. Wenn Sie es schafften, dass Papa sich wohl fühlte, gab er Ihrem Betteln nach. Aber im Büro bekommen Sie ein »Ja« meist, weil Ihr Vorschlag Zustimmung findet, nicht Sie. Der Kollege, der Ihnen dafür grünes Licht gibt, kennt Sie vielleicht nicht einmal. Wir können mitunter gar nicht verstehen, wieso jemand uns achten kann, obwohl er uns gar nicht persönlich kennt. Ich kenne viele Männer in Führungspositionen, die einander nicht ausstehen können, aber wenn sie um einen Konferenztisch sitzen, könnte man meinen, sie seien ein Herz und eine Seele. Persönliche Gefühle spielen dann keine Rolle. Sie wollen nicht gemocht werden. Sie wollen gewinnen.

Wie und womit fangen Sie an, Ihre berufliche Taktik zu verändern? Sie müssen trainieren – wie bei jedem anderen Spiel auch. Es scheint jeder Intuition zuwiderzulaufen, aber je mehr Sie üben, etwas *nicht* persönlich zu nehmen, umso natürlicher wird es. Mit anderen Worten: Es gelingt Ihnen, indem Sie es tun.

Wir müssen begreifen, dass wir in einer Welt spielen, in

der man unsere Gegner gelehrt hat, Gefühle zu verbergen. Wie oft hören Sie in einer politischen Talkrunde, dass jemand zu einem Mann sagt: »Nur die Fakten, bitte«? Das sagt man meist zu Frauen. Wenn jemand nur Fakten von Ihnen will, verärgern Sie Ihr Gegenüber, wenn Sie ihm Gefühle geben.

4. Sie sind immer Mutter, Tochter, Ehefrau oder Geliebte

Ich war als Kind mit Jungen befreundet, und das war meine Tochter auch. Die Gesellschaft lässt es zu, ja findet es niedlich, wenn kleine Mädchen mit Jungen spielen (natürlich nur, falls diese sie mitspielen lassen).

Jungen haben jedoch selten so viel Umgang mit Mädchen, dass sie enge Freundschaften mit ihnen schließen würden. Es ist selten und gesellschaftlich kaum akzeptiert, einen einzelnen Jungen mit mehreren Mädchen spielen zu sehen.

Wenn dann dieser Junge, inzwischen ein junger Mann, im Beruf mit dem anderen Geschlecht umgehen muss, ist er oft verloren. Und wie fast jeder, rettet auch er sich aus der Unsicherheit ins Stereotyp. Also sieht er seine Kollegin als seine Mutter, seine Tochter, seine Ehefrau oder seine Geliebte – selbst wenn sie ganz eindeutig nichts davon ist.

Wenn Sie das wissen, werden Sie männliche Verhaltensweisen leichter verstehen. Wenn ein älterer Mann Sie zur Tochter macht, können Sie auf zahllose Arten davon profitieren – Sie lernen Orte und Menschen kennen, die kein anderer zu Gesicht bekommt, Sie werden bei Gesprächen dabei sein können, die Ihnen Einblicke in die Leitung des Unternehmens erlauben. Wie jeder gute Vater wird dieser Papa sich um Sie kümmern.

Die Schattenseite? Männer sehen ihre Töchter niemals als Ebenbürtige (und schon gar nicht als Vorgesetzte). Also werden Sie nach einigen Jahren mit vielen großartigen Chancen frustriert sein. Und was tun Sie? Sie kündigen.

Das tat ich, als ich Tochter war, und es war eine der klügsten Entscheidungen meines gesamten Berufslebens. Ich gab die Stelle ungern auf, aber da klar war, dass ich dort nicht weiterkommen würde, zog ich mich heraus – sehr, sehr vorsichtig. Denken Sie daran: Es ist wichtig, dass Sie die Unterstützung Ihrer Vaterfigur behalten, er kann für Ihre weitere Karriere eine sehr große Hilfe sein, als Mentor und Berater. Rennen Sie nicht fort wie ein aufsässiges Kind. Überzeugen Sie ihn, dass Sie ihm die Möglichkeit verdanken, nun beruflich weiterzukommen, und bitten Sie ihn, Sie dabei zu unterstützen.

Ehefrau ist die schwierigste Rolle. Als »Ehefrau« werden Sie im Beruf (mehr oder weniger) als Gleichberechtigte akzeptiert. Aber Sie sind auch mit dem ganzen Ballast geschlagen, den ein Mann aus seiner wirklichen Ehe mit ins Büro bringt: Wenn seine Ehefrau ständig nörgelt und Sie ihn (ohne es zu wollen oder auch nur zu ahnen) bei einem Streit an sie erinnern, reagiert er vermutlich, indem er Sie ebenso stehen lässt wie zu Hause seine Frau.

Ein Beispiel: Meine Freundin Julie sah einen Kollegen an

ein und demselben Tag zwölf Mal zu seinem Chef rennen, weil er Fragen zu einem neuen Projekt hatte. Der Chef zuckte nicht mit der Wimper. Doch als sie ihn etwas fragte, hatte sie noch nicht ausgesprochen, als er sie schon anbrüllte: »Lassen Sie mich in Ruhe. Sie lassen einfach nicht locker.«

Als Julie diesen Ausdruck hörte, den er sonst nur benutzte, wenn er über seine Frau sprach, verstand sie, was mit ihm los war, und nahm das nicht persönlich. Sie wusste, dass die Rolle »Ehefrau« trotz aller Schattenseiten große Vorteile hat. So fällt ihr Chef ihr bei Konferenzen oft ins Wort, weil er zu wissen glaubt, was sie sagen wird. Das kann ärgerlich, ja demütigend sein. Aber Julie weiß auch, dass sie zu einem anderen Zeitpunkt und an anderem Ort Gelegenheit haben wird, alle Informationen auszubreiten, die ihr wichtig sind. Mit anderen Worten: Sie hat eine Büroentsprechung des Schlafzimmergeflüsters, der Chef führt in seiner Freizeit Gespräche mit ihr, während ihre Kollegen nur die offiziellen Besprechungen haben, um ihre Vorschläge zu unterbreiten.

Wenn Sie feststellen, dass Sie jemandes »Ehefrau« sind, sollten Sie Wege suchen, das zu Ihrem Vorteil zu wenden. Und wenn es erstickend wird, reichen Sie die Scheidung ein.

Mutter ist eine traditionelle Rolle. Sie ist die Sekretärin, die seit 37 Jahren in der Firma ist, die Frau, die seit drei Jahrzehnten die Anzeigenredaktion leitet, die Sachbearbeiterin, die seit 1975 die gleiche Berufsbezeichnung hat. Sie ist es, die die Anfänger in der Firma willkommen heißt, die dafür sorgt, dass die Kinder des neuen Verkaufschefs in der richtigen Schule angemeldet werden,

die die Regeln des Büros aus dem Effeff beherrscht. Sie stammen möglicherweise sowieso zur Hälfte von ihr.
Der Nachteil der Mutterrolle ist, dass Mütter nur insgeheim Macht haben. Sie erreichen ihr Ziel durch Andeutungen und Manipulationen. Der Vorteil ist: Kein Chef kann seiner Mutter kündigen. Wenn Ihnen diese Rolle gefällt, haben Sie sie auf Lebenszeit. Mütter verblühen in völliger Sicherheit, bis sie in den Ruhestand gehen.
Die Rolle der jüngeren, ehrgeizigeren Frauen, die jetzt ins Berufsleben einsteigen, ist die der Geliebten. Hier dürfen Sie Risiken eingehen, Entscheidungen fällen, an der Machtstruktur teilhaben. Aber Sie müssen sehr vorsichtig sein, weil Sie auf dem Drahtseil sexueller Spannung balancieren. Nur wenige kennen sich selbst gut genug, um dabei nicht zu straucheln, und wenn Sie erwischt werden, kann das für Ihre Karriere besonders schwerwiegende Folgen haben. Sie könnten nicht nur Ihren Job, sondern auch Ihren Ruf verlieren. (Siehe sechstes Kapitel: Männer dürfen Affären haben. Sie nicht.)

Tipp: Wenn Sie Ihren Ehemann begleiten, sollten Sie sich an den Gedanken gewöhnen, dass Sie, wer immer Sie sonst sein mögen, für seine Kollegen Frau Ehemann sind. Vor vielen Jahren begleitete ich meinen damaligen Mann zur Jahresversammlung eines amerikanischen Konzerns. Er hielt dort eine wichtige Rede.
Der Konzernchef hatte uns an seinen Tisch eingeladen, zusammen mit weiteren Managern des Unternehmens und deren Ehefrauen. Nachdem ich mich vorgestellt hatte, erzählte ich ihm, was ich beruflich mache, und der Konzernchef fragte mich, wie viel Kinder wir haben. Ich

stellte eine wichtige Frage zu seinem Unternehmen, er antwortete mit der Beobachtung, seine Frau und ich trügen Kleider in der gleichen Farbe. Von da an spielte ich brav und perfekt die Rolle der Ehefrau.
Im weiteren Verlauf des Abends begannen die Männer, einen Fall von Insiderhandel zu diskutieren. Es ging um sehr vertrauliche Dinge, die nicht vor Außenseitern hätten besprochen werden dürfen, und schon gar nicht vor einer Journalistin. Ich bat, mich zu entschuldigen, und verließ den Tisch.
Bevor ich ging, überreichte ich dem Chef meine Firmen-Visitenkarte. Ich sagte ihm, dass ich an diesem Abend zwar nur die Ehefrau eines Managers sei, er aber vorsichtiger sein müsse, da auch Frauen berufstätig seien. (Am nächsten Morgen schickte er mir zwei Dutzend Rosen, dankte für meine Diskretion und beteuerte, einen solchen Fehler werde er nie wieder begehen.)

3
Spielvorbereitungen

Ich hatte schon lange bemerkt, dass Menschen, die etwas erreichen, sich selten zurücklehnen und warten, bis in ihrem Leben etwas passiert. Sie ziehen los und passieren ihrem Leben.
ELINOR SMITH, FLIEGERIN UND SCHRIFTSTELLERIN

Machen Sie sich mit dem Spielfeld vertraut

Würden Sie ein Backgammon-Brett benutzen, wenn Sie Schach spielen wollen? Nein. Aber metaphorisch gesprochen ist es genau das, was viele Frauen tun.
Alle Spiele finden auf einem strukturierten Handlungsfeld statt. Beim Fußball reden wir von einem 105 Meter langen Platz. Bei Halma ist es ein sternförmiges Brett, Monopoly bewegt sich auf Feldern in einer Richtung am Rand eines Quadrates entlang; eine Radrennbahn ist rund. Egal, an welches Spiel Sie denken – Himmel-und-Hölle, Rugby, Scrabble –, Sie wissen immer, welches Feld dazugehört.
Auch das Berufsspiel wird auf einem Brett oder einem

Platz ausgetragen, das Feld hat traditionell die Form eines Dreiecks oder einer Pyramide. Die meisten Menschen befinden sich am unteren Rand, je höher man kommt, umso spärlicher sind die Reihen besetzt, bis man schließlich ganz oben ankommt, dort ist nur eine einzige Person.

Der Vorteil dieser Pyramidenstruktur ist die klare Abfolge der Autoritäten von unten nach oben. Jeder weiß, wer das Sagen hat und wer nicht.

Der Nachteil ist, dass offenes und ehrliches Feedback kaum möglich ist. Anpassung wird mehr belohnt als konstruktive Kritik. Risiken werden vermieden. Jasager kommen meist gut voran.

Die meisten Frauen haben das Problem, dass sie mit einer anderen Vorstellung vom Spielbrett in die Arbeitswelt kommen. Ihnen behagt die Vorstellung eines Kreises mehr – wie der Kreis von Freunden, den wir als Kinder hatten. Wenn wir mit der Puppenstube spielten, diskutierten wir lange mit unseren Freundinnen darüber, wo jedes einzelne Möbelstück stehen, welcher Raum erst eingerichtet werden soll. Wir waren alle gleich – mit anderen Worten, es gab keinen Puppenhaus-Teamchef.

Weil jede mit jeder reden konnte, erzeugte der Kreis eine offene Kommunikation. Keine hatte den Eindruck, sie könne nichts beitragen oder ihre Vorschläge würden niemanden interessieren.

Im Berufsleben kann der Kreis allerdings problematisch sein. Häufig wird eine Frau, die solche Macht- und Informationskreise nachbildet, mit Informationen geradezu überflutet. Und weil niemand so viele Informationen umsetzen kann, entsteht Unzufriedenheit: »Die Chefin sagt immer, dass sie meine Vorschläge hören will«, so die übliche Klage, »aber sie macht nie etwas damit. Warum fragt sie dann überhaupt?«

Aber das Wichtigste für Frauen ist nicht, ob ein Kreis besser ist als ein Dreieck oder umgekehrt. Wenn Sie Backgammon spielen, tun Sie das auf einem Backgammonbrett, und wenn Ihr Unternehmen die gängige Pyramidenstruktur hat, spielen Sie in einer Pyramide.

Ja, wir sehen uns nicht gern als Figuren auf einem starren Brett. Männern macht das weniger aus. Es macht ihnen auch nichts aus, Sie als Figur zu sehen und von Ihnen zu erwarten, dass Sie sich wie eine solche verhalten. Etiketten schaffen Klarheit. Wenn Sie Geschäftsführerin sind, sollen Sie sich benehmen wie eine Geschäftsführerin, reden Sie wie eine Geschäftsführerin, arbeiten wie eine Geschäftsführerin. Hier geht es nicht um Beziehungen. Es geht um das Spielfeld. Sie sitzen an einem bestimmten Platz der Pyramide. Verhalten Sie sich entsprechend.

Eine Bekannte von mir, die in einem großen Nahrungsmittelunternehmen arbeitet, hatte eine hervorragende Idee für ein neues Produkt. Sie investierte viel Zeit, es mit ihren engsten Kollegen zu entwickeln, aber es wurde nie etwas daraus. Warum? Sie hatte nicht daran gedacht, dass an der Unternehmensspitze ein kleiner Männerklüngel sitzt, der in allem das letzte Wort hat. Statt sich deren Unterstützung zu sichern, verließ sie sich ausschließlich auf ihren engsten Kreis. Sie begriff nicht, dass sie einen der Männer an der Spitze gebraucht hätte. Er hätte ihre Idee zu der seinen gemacht und meine Bekannte, als es Schwierigkeiten gab, unter seine Fittiche genommen. Im Grunde scheiterte sie mit ihrer Idee, weil sie die Tatsache

missachtete, dass eine gute Idee niemals den Kampf gegen die Hierarchie gewinnen kann, von der sie abgesegnet werden muss.
Nach meiner Auffassung wäre es das Beste, das Berufsspiel wäre ein Kreis, der auf einer Pyramide aufliegt. Dann könnten die Angestellten aller Ebenen miteinander interagieren, während es zugleich klar definierte Hierarchien gäbe.
Ich hoffe sehr, dass Frauen ihre Beziehungsorientiertheit als einen von vielen neuen Aspekten in das Spiel einbringen werden. Bis es allerdings so weit ist, dürfen Sie, solange Sie in einer normalen, hierarchischen Struktur arbeiten, nur dann »kreisförmig« denken, wenn Ihre Vorgesetzten Ihnen die Erlaubnis dazu erteilt haben.

Erkunden Sie die Firmenkultur

Bis vor wenigen Monaten war Jane leitende Angestellte in einem der größten Medienkonzerne der USA. Sie hatte viele Jahre dort gearbeitet und wurde in der Branche und außerhalb sehr geschätzt. Als sie also kündigte und zu einer gemeinnützigen Organisation in ihrem Heimatort wechselte, waren alle überrascht – alle außer denen, die sie gut kannten. Die wunderten sich nur, dass sie für diesen Schritt so lange gebraucht hatte.
Worum ging es? Jane hat sehr ausgeprägte politische Ansichten, aber die Positionen ihres Unternehmens waren in fast allen Punkten konträr zu Janes. Sie verdiente sehr viel Geld und hatte wirkliche Macht, aber ihr war nie

wohl zumute, weil sie ihre persönlichen Überzeugungen nicht von der Firmenpolitik trennen konnte. Jetzt verdient sie weniger, aber sie arbeitet für ein Unternehmen, das sie achtet.

Viele von uns finden die Werte der Firma, für die wir arbeiten, ebenso wichtig wie unsere Position in ihr. Für mich wäre es unvorstellbar, für ein Unternehmen zu arbeiten, an das ich nicht glaube.

So, wie Männer ihre Arbeit aufteilen und von allem anderen abschotten (dazu das fünfte Kapitel: Denken Sie konkret und kurzfristig), packen sie auch Teile ihres Lebens in kleine Schubladen: Das ist mein Gehalt, das ist meine Arbeit, das ist meine Familie, das sind meine Ansichten.

Frauen geht es um das große Ganze. Wir wollen, dass in unserem Leben alles stimmt – nicht nur Gehalt, Macht oder Ansehen. Wenn Sie erfolgreich sein wollen, müssen Sie sich an Ihrem Arbeitsplatz wohl fühlen. Wenn Sie durch die Tür zu einem Vorstellungsgespräch gehen, sollten Sie sich darüber im Klaren sein, dass Sie auf der Schwelle zu Ihrer nächsten Beziehung stehen könnten. Sie hatten Beziehungen zu Freundinnen, Geliebten, Verwandten und so weiter. Diese Firma könnte die nächste sein.

Stellen Sie sich zu Ihrem möglichen Arbeitgeber einige Fragen: Befasst sich die Firma mit etwas, wozu ich eine Beziehung haben kann? Gefällt mir ihr öffentliches Image? Steht sie für etwas, wofür auch ich stehen kann?

Vor vielen Jahren, ich verdiente damals 27 500 US-Dollar im Jahr, bot man mir die Stelle einer Produzentin für eine Hollywood-Talkshow an. Jahresgehalt: 125 000 US-Dollar – und das war nur das erste Angebot. Ich konnte kaum fassen, wie viel Geld das war. Aber die Talkshow war abgeschmackt, und je länger ich darüber nachdachte, umso weniger beeindruckte mich das Geld.

Ich wusste, dass meine Arbeit schlecht sein würde, weil sie mir nicht gefiele. Also lehnte ich ab. Glauben Sie mir, bei CNN gibt es jede Menge Schwierigkeiten, aber unter dem Strich, egal, was passiert ist, bin ich immer wirklich stolz auf das, was ich tue und was mein Sender verkörpert. Das kann ich vor großem Publikum ebenso sagen wie zu mir selbst, und ich weiß, dass es wahr ist.

Die Firmenkultur ist wichtiger als die eigentliche Position. Mit einer durchschnittlichen Stelle in einem Betrieb, die Sie wunderbar finden, werden Sie glücklicher sein als mit dem idealen Job in einer Firma, die Ihnen zuwider ist. Wo Sie sich wohl fühlen können, werden Sie glücklicher sein. Wir übernehmen häufig im Beruf, wie in unseren privaten Beziehungen, eine Rolle. Überlegen Sie, wer Sie sein werden. Das schwarze Schaf? Die jüngere Schwester? Die ungebundene Tante? Die sorglose Tochter? Die verschwiegene Vertraute? Verallgemeinernd gilt, dass Ihre außerberuflichen Beziehungen diktieren, wer Sie im Büro sein werden.

Doch anders als bei Ihrer realen Familie haben Sie hier die Wahl. Sehen Sie sich eine neue Firma genau an. Fragen Sie sich, ob sie eine Beziehung verspricht, die Ihnen gefallen wird. Möchten Sie diese Leute jeden Tag sehen? Ich selbst weiß eines genau: Wenn ich zu einem Vorstellungsgespräch käme und alle Frauen in diesem Büro trügen dunkle Kostüme mit Rüschenblusen und Pumps, würde ich auf dem Absatz kehrtmachen. In einer sol-

chen Uniform würde ich mich nicht wohl fühlen. Wie immer solche Leute denken mögen, ich wäre da nicht glücklich.
Ich befürworte im Büro eine Politik der offenen Türen, und es ärgert mich, wenn meine Kollegen im Management ihre Türen schließen. Für mich signalisiert ein solcher Führungsstil: »Wir machen das unter uns aus.« Wenn ich also in eine Abteilung käme, in der alle hinter ihren geschlossenen Türen verschanzt sitzen, ginge ich direkt zum Ausgang weiter.
Gefällt Ihnen die Atmosphäre in den Räumen Ihres potentiellen Arbeitgebers? Ist sie angenehm? Könnten Sie sich dort wohl fühlen? Hat jeder ein eigenes Zimmer, oder gibt es Großraumbüros? Ist das Gebäude so unansehnlich, dass Ihnen die Vorstellung missfällt, fünf oder mehr Tage die Woche dort ein und aus zu gehen? Ich kenne eine leitende Angestellte, die eine sehr wichtige Stelle ablehnte, weil sie sich nicht vorstellen konnte, jeden Morgen in das hässlichste Industriegebiet der Welt zu fahren.
Selbst in Zeiten riesiger Konzerne haben Unternehmen immer noch eine ausgeprägte Persönlichkeit. Arbeiten Sie für General Electrics, werden Atmosphäre und Wertvorstellungen des Unternehmens von dessen Chef Jack Welch und dessen Werten bestimmt. Bei AT&T ist es Michael Amstrong, bei IBM Lou Gerstner. Gleiches gilt für Oprah Winfrey bei Harpo Inc.; auch die Atmosphäre kleinerer Firmen wird durch ihre Chefs geprägt.
Bringen Sie in Erfahrung, welche Werte das sind. Nutzen Sie Ihre Beziehungstalente. Der oder die Angestellte, mit dem/der Sie das erste Gespräch führen, hat vermutlich eine Sekretärin. Reden Sie mit ihr. Sie müssen vermutlich

vor dem Gespräch warten, in dieser Zeit können Sie herauszufinden versuchen, was andere Frauen über die Firma, die Arbeit, den Chef denken. Bevor eine Bewerberin oder ein Bewerber mein Büro betreten, gehen meine Sekretärinnen immer an meiner offenen Tür vorbei und halten dabei den Daumen nach oben oder nach unten, damit ich weiß, was sie denken.

Die Rezeptionistin hat einen Namen. Benutzen Sie ihn. Nutzen Sie ihre Aufmerksamkeit. Sie wird Ihnen vielleicht etwas zu trinken anbieten. Nehmen Sie es an. Die meisten Frauen tun das nicht, weil sie denken, das setze die andere Frau herab; die meisten Männer tun es, weil sie wissen, dass das zu den Aufgaben einer Rezeptionistin gehört.

Sie bringt Ihnen einen Kaffee, Sie bedanken sich, und es ergibt sich die Gelegenheit zu einem Gespräch. Ich gestehe, dass es Jahre gedauert hat, bis ich um diese Tasse Kaffee bitten konnte. Da ich lieber Tee trinke, mache ich jetzt etwas anderes. Wenn man mir Kaffee anbietet, bitte ich um heißes Wasser und sage der Frau, sie solle sich wegen der Teebeutel keine Gedanken machen, weil ich stets welche in der Handtasche hätte. Das ist immer ein Aufhänger für ein Gespräch – sie trinkt selbst Tee, ihre Mutter mag grünen Tee usw. Schon gibt es eine Beziehung!

Gehen Sie durch die Flure. Wirken die Leute froh? Sind sie freundlich? Sehen sie aus, als seien sie Ihr Typ? Gehen Sie auch kurz in die Kantine oder in den Aufenthaltsraum, kaufen Sie einen Kaffee und achten Sie darauf, was die Leute reden. Klagen sie? Wirken sie schlecht gelaunt? Würden Sie mit ihnen gern zu Mittag essen?

Die meisten von uns verwenden vor wichtigen Entscheidungen viel Zeit und Aufmerksamkeit darauf, Informationen einzuholen. Bevor wir uns für eine Schule für unsere Kinder entscheiden, wollen wir alles über sie wissen – sind die Klassenzimmer gut eingerichtet, wie ist die durchschnittliche Klassenstärke, wie viele Lehrer gibt es, genießt die Schule einen guten Ruf –, wir reden mit Dutzenden von Müttern. Ich kenne Frauen, die Monate damit zubringen, sich über mögliche Urlaubsorte zu informieren, und andere, die kein Haus kaufen würden, ohne zuvor darin praktisch gezeltet zu haben.
Ihre Beziehung zu Ihrer Arbeitsstelle gehört zu den wichtigsten Ihres Lebens. Machen Sie also Ihre Hausaufgaben.

Gehen Sie als Spielerin in die Mannschaft

Vor kurzem erzählte mir eine Freundin von ihrem Sohn, der gern in die Basketballmannschaft seiner Schule aufgenommen werden wollte. Weil er viel kleiner ist als seine Klassenkameraden, hatte er mit dem Trainer vereinbart, dass er vor dessen Augen Körbe werfen würde, um ihm zu beweisen, dass er mit seinem Können die fehlenden Zentimeter wettmachen konnte. Dafür hatte er zu Hause zwei Jahre lang mehrere Stunden am Tag trainiert.
Seine Strategie hatte Erfolg. Er wurde als Verteidigungsspieler aufgenommen.
Als er seiner Familie beim Abendessen freudig davon erzählte, war sein Vater hoch erfreut. Aber seine Schwester

sah ihn mit dieser tiefen Verachtung an, die nur jüngere Schwestern hinbekommen, und sagte: »Ich würde nie einer Mannschaft angehören wollen, die mich nicht sowieso schon haben will.«

Übertragen Sie diese Geschichte auf ein Vorstellungsgespräch. Der typische Mann weiß, wie es ist, auf der Reservebank zu sitzen und auf seine Chance zu warten. Er kommt vorbereitet, um sich zu verkaufen. Jede seiner Bewegungen sagt: »Hi Trainer, lass mich mitspielen.«

Die meisten Frauen hingegen hoffen ihr Leben lang, dass jemand sie bemerkt. Es gehöre sich, sagte man uns, dass man wartet, bis man gefragt wird – von einem Jungen, ob wir mit ihm ins Kino gehen, von der Lehrerin in der Klasse. (Kein Wunder, dass Mädchen, wie viele Studien beweisen, sich im Unterricht doppelt so oft melden, wenn keine Jungen dabei sind.) Anders als Männer lernen wir nicht schon in unserer Kindheit und Jugend, wie man sich verkauft.

Aber bei einem Vorstellungsgespräch müssen Sie sich verkaufen. Und Sie müssen das verkaufen, was Sie haben. Wenn es Ihre erste Stelle ist und Sie nichts anderes über sich sagen können, als dass Sie diszipliniert und fleißig sind, dann sagen Sie das. Zeigen Sie ihnen, wie präzise Sie sind.

Sie werden ständig und überall auf männlich-weibliche Stereotypen treffen, also passen Sie auf. Das erste beginnt schon vor dem Termin: Pünktlichkeit. Ja, Männer kommen ebenso oft zu spät wie wir. Aber das Klischee des Mannes, der sich verspätet, ist in unserer Gesellschaft nicht so gängig wie das der Frau, die ständig zu spät

kommt, weil ihr Alltag sie dermaßen überfordert, dass sie ihre Termine nicht im Griff hat.
Rechnen Sie nicht damit, dass Sie mit einer Lüge weit kommen werden. Ich glaube Menschen nicht, die ihre Verspätung damit begründen, sie seien in einen Unfall hineingeraten. Warum sitzen sie dann makellos sauber und ohne erkennbare Unruhe vor mir? Sollten sie nicht stattdessen eher im Krankenhaus oder auf der Polizeistation sein?
Das Problem: Wenn eine Frau sich auf eine Weise verhält, die ein Stereotyp bestätigt, lässt man sie dafür zahlen. Noch schlimmer ist es, wenn dieses Stereotyp einen wunden Punkt trifft. Sollte beispielsweise Ihr Gesprächspartner eine notorisch unpünktliche Ehefrau haben, wird er Ihnen eine zehnminütige Verspätung mehr verübeln als einem ebenso verspäteten männlichen Bewerber.
Gute Strategie: Recherchieren Sie vorher. Fahren Sie am Vortag dorthin, wo das Gespräch stattfinden wird, damit Sie sich nicht verfahren oder verlaufen. Gibt es in der Nähe des Gebäudes häufig Staus? Gibt es am Eingang zeitraubende Sicherheitskontrollen? Und wie steht es mit Parkplätzen – gibt es genug und sind sie in der Nähe?
Weitere Stereotype betreten mit Ihnen den Raum. Jungen lernen bei ihren Spielen, Körperstärke zu entwickeln, Mädchen nicht. Daher fällt es Männern leichter, wie selbstverständlich in ein Zimmer hineinzugehen, sich hinzusetzen und Raum einzunehmen.
Ich sage nicht, dass Sie wie ein amerikanischer Footballspieler zum Gespräch stapfen sollen, aber Sie dürfen keinesfalls zimperlich wirken. Finden Sie einen Weg, Selbst-

bewusstsein und körperliche Präsenz auszustrahlen. Jede Ihrer Bewegungen ist wichtig. Wenn Sie jemandem die Hand geben und er meint, einen feuchten Spüllappen zu drücken, haben Sie damit etwas über sich ausgesagt. Wie wichtig das ist, habe ich vor kurzem bemerkt, als eine Nachrichtensprecherin zu mir kam, um sich für eine Moderatorinnenstelle zu bewerben. Sie gab mir die Hand und drückte sie fest. Ich war für das Gespräch mit ihr sofort wacher, ich spürte, dass eine ganze Person anwesend war. Zu viele Frauen ergreifen die Hand ihres Gegenübers eigentlich nicht. Es ist uns unangenehm, körperliche Stärke zu zeigen. Aber ich bin sicher, dass die Art, wie wir die Hand eines Mannes ergreifen, auch durch unsere Teenagerjahre geprägt ist. Händchenhalten mit unserem Freund hatte immer etwas Passives, ja Unterwürfiges.

Sehen Sie bei der Begegnung Ihrem Gegenüber in die Augen? Frauen haben gelernt, bescheiden zu sein, darum heften wir selten den Blick auf jemanden. Und da wir viel über Intuition und Beziehungen wissen, vermeiden wir oft, dem anderen direkt ins Gesicht zu sehen, weil das unhöflich wirken könnte.

Aber vielleicht haben wir auch Angst davor, die Wahrheit zu sehen. Sieh einem Mann in die Augen, dann weißt du, ob er dich liebt, rieten unsere Mütter. Viele Frauen haben mir gesagt, dass sie bei Vorstellungsgesprächen den Blickkontakt meiden, weil sie Angst haben, die Ablehnung zu sehen.

Vergessen Sie nicht: Manche Bewerbungsgespräche laufen hervorragend, andere furchtbar. So ist die Arbeitswelt, und es gibt keinen Grund zu der Vermutung, dass

Sie etwas falsch gemacht haben. Außerdem: Wenn das Gespräch wirklich so entsetzlich war, ist diese Firma vermutlich nicht der richtige Ort für Sie.
Der Mann, der Sie begutachtet, sucht jemanden, der/die das Team verändern kann und über die nötigen Fähigkeiten verfügt, die momentanen Schwächen des Teams auszugleichen. Wenn Sie während des Vorstellungsgesprächs Selbstsicherheit und Selbstvertrauen ausstrahlen, zeigen Sie ihm, dass Sie tun können, was getan werden muss.
Im Grunde ist das Berufsleben ein einziges Vorstellungsgespräch. Sie sollten also recht bald lernen, es gut zu machen.

Spieltipp: Frauen denken oft, dass wir klüger sein müssen als Männer, um die Stelle zu bekommen. Sie können sich allerdings selbst ein Bein stellen, indem Sie zu clever werden. Wenn Sie bei einem Vorstellungsgespräch mit einem Haufen gravierender Bedenken aufkreuzen, sind Sie möglicherweise so damit beschäftigt, Ihr Wissen vorzuführen, dass Sie von dem tatsächlichen Gespräch nichts mehr mitbekommen.

Tragen Sie das richtige Trikot

Männer haben es leicht, wenn es um karrierefördernde Kleidung geht, denn sie haben im Grunde ein Einheitstrikot, eine Uniform – den Herrenanzug. Das bedeutet, dass der künftige Chef bei der ersten Begegnung nicht auf ihr Äußeres achtet. Er konzentriert sich auf Persönlichkeit, Händedruck, beruflichen Werdegang. (Die Nachrichtenmoderatoren des CNN ziehen wir immer damit auf, dass sie an ihrer Kleidung nichts ändern können als die Krawatte.)

Die Garderobe einer Frau hingegen ist wesentlicher Teil ihres Auftretens. Sie sagt unseren Kollegen, wer wir sind. Sollen andere Sie für ein Arbeitstier oder eine Revolutionärin halten? Sind Sie kreativ, gesellig, selbstsicher? Sind Sie konservativ, schüchtern, gehemmt? All das kann Ihre Garderobe über Sie verraten, sie wird Ihnen bei Ihrem Weg auf der Karriereleiter hinauf ins Management entweder eine Hilfe oder ein Hemmnis sein.

Das Erste, was Ihre Kleidung sagt, ist: Ich stehe zum Einsatz zur Verfügung. Ich bin zum Spiel bereit. Ich trage die richtige Uniform, um mein Ziel zu erreichen.

Sobald Sie zum Team gehören, müssen Sie den Stil finden, mit dem Sie sich am wohlsten fühlen. Ich habe jahrelang Kleider getragen, aber jetzt sind mir Hosenanzüge lieber, weil ich dann tagsüber die Jacke ausziehen kann. Aber selbst an informellen Tagen habe ich immer einen Blazer zur Hand, damit ich im Falle einer überraschend angesetzten, wichtigen Konferenz korrekt gekleidet bin. Besonders mag ich Blazer mit übergroßen Taschen, in die ich mein Portemonnaie und meine Firmenkarte stecken kann, falls ich keine Handtasche mitnehmen möchte. Die kann im Berufsleben ablenken.

Die Geschichte unserer Garderobe spiegelt oft die Geschichte unseres beruflichen Erfolges. Eine sehr kluge Frau in meinem Bekanntenkreis kommt niemals richtig voran. Sie ist übergewichtig und tritt wie ein Hippie in formlosen Kleidern auf, die ihren Körper verstecken sollen. Ihre Firma hat sie sukzessive aus allen leitenden Positionen entfernt und von Konferenzen mit Firmenfremden ausgeschlossen. Je größer die Distanz zwischen ihr und ihren wichtigsten Vorgesetzten, umso mehr versteckt sie sich in ihren Kleidern. Ihre Ängste, die sich anfangs in ihrer Kleidung verrieten, sind zu einer selbsterfüllenden Prophezeiung geworden.

Eine andere Bekannte, die in einer kalifornischen Buchprüferfirma als Ressortleiterin arbeitet, verdient gut, ist aber in der Unternehmenshierarchie nicht so weit oben, wie sie es möchte. Der Grund: Ihre Kleidung ist attraktiv, aber etwas zu eng. Sie betont ihre großartige Figur, aber das ist unangemessen – so sehr, dass ihre männlichen Kollegen sich in ihrer Gegenwart unwohl fühlen. Ein Kollege erzählte mir, er meide Geschäftsessen mit ihr allein, weil er sich sorge, was seine Frau denken könnte.

Eine Frau kann ihre Garderobe auch strategisch einsetzen. Eine hoch bezahlte Anwältin verriet mir, dass sie sich umso weiblicher kleide, je schwieriger die Verhandlung sei, damit die Gegenseite vergesse, wie knallhart sie sei. An normalen Tagen in der Kanzlei trage sie hingegen immer einen Hosenanzug, um ihren Kollegen zu bedeuten, dass sie ebenso hart auf Gewinn spielt wie sie.

Je höher Sie auf der Leiter stehen, umso stärker werden Sie Ihren ganz persönlichen Stil prägen. Die frühere Außenministerin Madeleine Albright trug immer eine große Brosche auf dem Revers. Sie war der auffallendste Aspekt ihrer Garderobe und diente dazu, ihren individuellen Stil und ihre Weiblichkeit hervorzustreichen, ohne allzu sehr

von der angemessenen Uniform des wichtigsten Kabinettsmitglieds des Präsidenten abzulenken.
Kurz gesagt: Orientieren Sie sich in Ihrer Kleidung am Team, aber tun Sie es mit Selbstvertrauen, Kreativität und so, dass Sie sich selbst wohl fühlen. Ihre Kleidung funkt der Welt nicht nur, wer Sie zu sein glauben, sondern auch, wer Sie sein wollen.

SPIELTIPP 1: Ob es Ihnen gefällt oder nicht: Kleidung spiegelt häufig unsere seelische Verfassung. Viele von uns haben dicke Kleidung, deprimierte Kleidung, verärgerte Kleidung. Wenn ich mich besonders dick fühle, trage ich unattraktive Sachen. Das ist falsch. Wenn eine Frau etwas trägt, das nicht sitzt und schlecht zusammenpasst, schließen viele Menschen daraus, dass ihr Leben ebenso desorganisiert ist.

SPIELTIPP 2: Eine der wichtigsten Kleidungsregeln für das Fernsehen besagt, dass nichts ablenken darf – klirrende Armreifen, schwingende Ohrringe. Das trifft auch auf das Geschäftsleben zu. Solche Accessoires sind nur angebracht, wenn Sie ablenken wollen – ich kann mich nicht erinnern, dass ich das in meinem ganzen Berufsleben einmal gewollt hätte. Sie können die wichtigste Sitzung Ihres Lebens leiten, von größter Geistesschärfe sein und strahlend aussehen, aber wenn Sie sehr ausgefallene Schmuckstücke tragen, sind sie das Erste, was man an Ihnen bemerken wird, und vielleicht das Letzte, woran man sich erinnert.

Verfolgen Sie das richtige Ziel

Vor einiger Zeit, nach dem Ende einer Rede an der Westküste, kam eine Zuhörerin zu mir und erzählte mir von ihrem Siebenjahresplan. Sie sei jetzt erst im mittleren Management, aber in drei Jahren werde sie vice president, vier Jahre danach senior vice president sein. Dann fragte sie mich nach meinen Plänen für die Zukunft.

Ich sagte ihr, dass ich meines Wissens nach bald zu Abend essen werde. Ich war nicht schnippisch. Ich habe einfach nie einen Drei-, Fünf-, Zehn- oder Wieviel-auch-immer-Jahresplan gehabt. Ich finde mein Leben immer gut, solange ich weiß, was in den nächsten paar Tagen mit mir sein wird.

Ein Plan kann ein Gefühl von Sicherheit geben. Er gibt Ihnen ein klares Ziel, etwas, das Sie auf ein Blatt Papier schreiben können, dessen Sie sich immer wieder versichern können. »In zwei Jahren habe ich einen wichtigen Titel und verdiene 75 000 Dollar. In vier Jahren will ich einen sehr wichtigen Titel und 150 000 Dollar. In sieben Jahren habe ich den allerwichtigsten Titel, mein Gehalt soll sich verdoppelt haben, und ich will eine fette Gewinnbeteiligung.«

Aber starre Ziele und Fünfjahrespläne erinnern mich an einen der gravierendsten Mängel des alten kommunistischen Systems, das wesentlich zu seinem Niedergang beitrug: Starre Ziele behindern neue Möglichkeiten. Keine Karriere verläuft völlig gradlinig – sie macht Zacken und Ecken und Kurven und Volten. Eine gute Spielerin zeichnet sich durch ihr Improvisationstalent aus; es verkümmert, wenn Sie sich an einen bestimmten Plan halten, der Sie zu einem bestimmten Ziel bringen soll. Die Frau, die die wunderbare neue Stelle bekommen hat, um die sie sich nicht einmal bewerben wollte, hatte vielleicht nie einen Plan. Während Sie mit Ihrem siebten Schritt beschäftigt waren, stellte sie sich einer Herausforderung und ergriff eine Chance, die sich spontan bot.

Eine große Karriere entsteht selten aus der Folge kleiner Sprossen auf der Leiter. Wenn Sie immer nur ein Schrittchen nach dem anderen machen, verlängert sich die Leiter ins Unendliche. So kommen Sie nie dahin, wohin Sie wollen. In den meisten Unternehmen wurde die Person, die als Star gilt, entweder sprunghaft befördert, oder sie hat sich die Position erkämpft. Stars warten nicht auf die Zukunft. Sie sorgen dafür, dass die Zukunft passiert.

Kombinieren Sie gutes, strategisches Spiel mit einer Vision. Ziele verhindern Chancen; Visionen schaffen sie. Sie brauchen ein Grundgefühl dafür, was Sie wollen und wohin Sie wollen, dann müssen Sie versuchen, sich dort zu sehen, das zu visualisieren. So machen die Männer das. Sie betreten das Gebäude und sehen sich selbst in diesem Moment bereits im Chefsessel. Jeder Mann in meinem Büro hält sich für einen potentiellen CNN-Präsidenten. Das gilt nur für wenige Frauen – wir sehen uns selten höher als die ranghöchste Frau, die wir kennen, und die ist selten die Unternehmenschefin.

Eine Vision haben bedeutet auch, jede Chance zu nutzen, sie wahr werden zu lassen – sei es, dass Sie in eine Abteilung mit aktuell schlechten Ergebnissen, aber großem Zukunftspotential wechseln, sei es, dass Sie sich in ein viel versprechendes neues Projekt stürzen, das allen anderen zu gefährlich scheint.

Achten Sie darauf, dass Ihre Visionen mit Ihrer momentanen Realität Schritt halten. Jan Leschly, Chef des Pharmakonzerns, erzählt, dass er als junger Tennisstar das Ziel hatte, im Centre-Court von Wimbledon zu spielen. Um das zu erreichen, trainierte er lange und hart, bis er eines Tages tatsächlich im Centre-Court gegen Rod Laver antrat. Alle, sagt Leschly, hätten schon einmal von Laver gehört, aber niemand von ihm – denn er verlor. Seine Vision war nicht, im Centre-Court zu siegen, sondern dort zu spielen. Eine Vision allein genügt nicht – Sie müssen sie immer aktualisieren, damit Sie Ihre Möglichkeiten nicht begrenzen.

Ich hatte zwei berufliche Ziele: Meine Arbeit sollte mir gefallen, und ich wollte für meine Leistungen angemessen bezahlt werden. Ich bin einfach immer davon ausgegangen, dass ich gut sein würde. Ich wollte immer Erfolg haben. Eines weiß ich schon lange: Wenn Sie im Strafraum des Gegners den Ball vor die Füße bekommen, fragen Sie sich nicht, ob Sie jetzt auf das Tor schießen sollen. Sie tun es.

Fragen Sie nicht den ganzen Tag: »Warum?« Sagen Sie lieber: »Warum eigentlich nicht?«

4
Achten Sie immer auf den Spielstand

Es gibt nie den Punkt, an dem man sagen kann:
»So, jetzt bin ich erfolgreich.
Jetzt gönne ich mir mal ein Päuschen.«
CARRIE FISHER, SCHAUSPIELERIN UND SCHRIFTSTELLERIN

Ich möchte Sie mit Janis bekannt machen, die seit einigen Jahren leitende Angestellte eines großen Unternehmens ist. Sie unterstützt Frauen in ihrer Branche, und in Janis' Abteilung arbeiten mehr Frauen als in jeder anderen Abteilung des Unternehmens.

Die Abteilung ist auch eine der erfolgreichsten, aber wenn Sie sich die Abteilung ansähen, kämen Sie nicht auf die Idee. Die Frauen, die für Janis arbeiten, haben nicht die gleichen großen Büros und die gleiche beeindruckende Armada von Hilfskräften wie die Männer, die in dieser Firma ähnliche Positionen haben.

Janis' Chefs übergehen sie nicht. Sie hat das alles nie gefordert, weil sie es nicht für wichtig hielt. Janis hat nie ein riesiges Büro verlangt, weil sie sich in einem kleineren Raum, der zu ihrem Selbstbild passte, wohler fühlte. Sie hat nie bemerkt, dass Besucher, die durch ihre Abteilung gingen, den Mann im großen Büro neben Janis' für

wichtiger hielten als sie. Das war er nicht, aber wie hätten sie das wissen sollen?
Für einen Mann zählt alles. Die Größe des Büros, die Zahl seiner Mitarbeiter, die Höhe seines Gehaltes – einfach alles, was sich messen lässt, ist wichtig. Und er weiß immer, wie der Spielstand ist. Beobachten Sie Männer auf dem Tennisplatz. Im Gegensatz zu Frauen, die oft sagen: »Schlagen wir doch erst einmal ein paar Bälle«, wollen Männer sofort ein Spiel beginnen. Schließlich geht es darum zu gewinnen. Und man kann nicht gewinnen, wenn man nicht weiß, wer führt.
Zusätzliche Vergünstigungen sind, wie Ihre Kleidung, bei Geschäftspartnern Ihre Visitenkarte. Sie künden von Macht – oder nicht.
Wenn wir gute Arbeit geleistet haben, können wir damit zufrieden sein, dass unser Vorgesetzter uns lobt und eine anstehende Gehaltserhöhung gewährt. Aber wenn wir nicht klug genug sind, mehr Mitarbeiter, Aktienoptionen, Gewinnbeteiligung, Firmenwagen, Clubmitgliedschaften, Abfindungsvereinbarungen zu fordern, werden wir sie vermutlich nicht bekommen.
Vor einigen Jahren, ich war gerade befördert worden, fragte mich ein Kollege, ob man mir die Anschaffungs- und Unterhaltskosten für ein großes oder ein kleines Auto ersetze. Ich verriet ihm nicht, dass ich von solchen Vergütungen keine Ahnung hatte. Als ich mich jedoch kundig machte, entdeckte ich zu meinem Entsetzen, dass alle Kollegen auf meiner Hierarchiestufe ihre Autokosten schon lange erstattet bekamen. Als ich das wusste, war ich klug genug, die Vergütung für einen großen Wagen zu fordern, was mir die Firma auch sofort gewährte.

Mir ist oft aufgefallen, dass es im Unternehmen einige ziemlich junge Männer gibt, deren Aufgabenbereich mir nicht klar ist. Kommt man aber in ihr hervorragend gemanagtes Büro, ist man immer sehr beeindruckt. Manchmal liegt das daran, dass dieser junge Mann die Regeln des Machtspiels exzellent beherrscht und diese großartige Kulisse gefordert hat. Manchmal hat er auch einen geschickten Mentor, der dafür sorgt, dass die jungen Mitarbeiter seines Teams eine Aura von Macht bekommen, denn so wirkt auch er mächtig. Vor kurzem bekam ein Angestellter eine Gehaltserhöhung und ein neues Büro in der Nähe von meinem. Sein Chef fand den neuen Raum zu klein, darum ließ er zwischen zwei kleineren Büros die Wand einreißen, um ein größeres zu schaffen. Diese Wandeinreißer sind selten Frauen, weil viele von uns eine solche offensichtliche Vereinnahmung von Territorium unangemessen empfänden. Schlimmer noch, wir bekommen oft Anerkennung von anderen Frauen, wenn wir es unterlassen, die uns zustehenden Punkte einzufordern. Und dann sitzen Sie mit Ihren Freundinnen in der Kantine und erzählen ihnen, dass Sie und drei Kollegen neue Büroräume bekommen sollten und einer der Räume war nicht einmal halb so schön wie die anderen. Die Männer beharrten darauf, einen der schönen Räume haben zu wollen, und Sie sagten schließlich: »Das ist doch albern, ich nehme das kleine Büro. Ich hänge hübsche Bilder auf, dann wird es gut aussehen.« Die anderen Frauen stimmen Ihnen zu. Ich kann mir nicht vorstellen, dass eine Frau zu dieser Runde sagt: »Ich bin einfach stehen geblieben und habe so lange getobt, bis ich sie alle mürbe gemacht hatte und schließlich bekam, was sie mir gleich hätten geben sollen!« Und wenn sie es getan hätte, hätten ihre Freundinnen gedacht: »Die spinnt.« Sie bekommen viel Unterstützung von Ihren Kolleginnen, wenn Sie das Richtige tun, vor allem, wenn die Männer etwas falsch machen. Aber ist diese Unterstützung auch immer gut für Sie? Die Männer rechnen sich immer aus, wer Erster und wer Letzter ist. Wir tun dies nicht. Während sie also ihre Punkte ausrechnen, stehen wir möglicherweise als Verlierer da. Wir denken: »Ich mache meinen Job gut, also brauche ich diese Erfolgssymbole nicht«, während er denkt: »Mann, die rafft nicht, wie hier die Punkte verteilt werden.«

Spieltipp: Nehmen wir an, Sie sitzen in der Kantine und haben plötzlich eine brillante Idee für Ihr neues Projekt. Sie erzählen es den Leuten, die mit Ihnen am Tisch sitzen. Sie reden ganz ehrlich, und der Kollege am anderen Tischende macht sich Notizen. Bei der nächsten Planungskonferenz hören Sie, wie er Ihr Material als seines vorstellt. Foulspiel? Eigentlich nicht. In der Arbeitszeit können Sie nicht zum Schiedsrichter laufen und »Auszeit« rufen. Es gibt keine Auszeit. Was immer Sie sagen oder tun, es ist Teil des Spiels. Es ist nur Training, wenn Sie nicht darauf achten, wie das Spiel steht – die Männer tun das immer.
Beachten Sie den Spielstand mit Stil: Ich kenne eine Frau, die es dank ihres Talents und ihres Ehrgeizes in der Geschäftswelt sehr weit gebracht hat, aber wenn Sie ihr Büro sähen, kämen Sie nie auf diesen Gedanken. Ihre gegenwärtige Einrichtung ist absolut funktional, daher lehnte sie ab, als ihre Vorgesetzten ihr einen neuen Edel-

stahl-Schreibtisch, einen schwarzen Ledersessel, ein aufwendiges Regalsystem hinstellen wollten. Außerdem arbeitet sie auch ungern in einer Umgebung, die ihr nicht vertraut ist, also lehnte sie auch alle Angebote, die Wände zu streichen oder einen neuen Teppich zu verlegen, höflich ab, und das, obwohl alle anderen Manager auf ihrer Hierarchieebene in frisch renovierten Eckbüros mit großen Fenstern residierten. Privat kauft sie wunderschöne Möbel auf dem Flohmarkt, die sie dann selbst streicht oder restauriert. Sie versteht es hervorragend, nicht über ihre Verhältnisse zu leben. Es ist kein Wunder, dass ihr beruflicher Aufstieg stockt. Ihre Konferenzen mit Kollegen oder Kunden von außerhalb müssen in anderen Büros als dem ihren stattfinden, denn das ist zu unbequem. Wenn sie also eine Sitzung leitet, sieht niemand sie je in der Machtposition hinter ihrem eigenen Schreibtisch. Inzwischen gilt sie bei vielen als Skurrilität, als bedauernswerte Trödel-Fanatikerin, die sich in einem mit schäbigen Möbeln voll gestellten Zimmer abrackert. Befragte man sie dazu, würde sie vermutlich sagen, dass ihre Vorgesetzten ihr dankbar sein sollten, weil sie dem Unternehmen so viel Geld spare. (Es stimmt, aber der Betrag ist lächerlich – er beläuft sich auf ein zehntel Prozent des Gesamtbudgets ihrer Abteilung.) Ich selbst habe immer den Fehler gemacht, mich mit benutzten Möbeln zufrieden zu geben, weil es albern schien, etwas Neues zu kaufen, wenn die Lagerräume der Firma bis unter die Decke voller hervorragender gebrauchter Stühle und Schreibtische stehen. Ich sehe mich gern als liebes Mädchen, das kein Geld verschwendet, aber ich bezweifele sehr, dass sich im Unternehmen irgendjemand außer mir für meine Sparsamkeit interessiert – oder sie auch nur bemerkt. Ich musste erst dieses Buch schreiben, um einzusehen, dass ich mein Büro buchstäblich aufmöbeln muss.

5
Das Spiel spielen: Die vierzehn Erfolgsregeln

Was immer eine Frau macht, muss sie doppelt so gut machen wie ein Mann, damit sie für halb so gut gehalten wird. Zum Glück ist das nicht schwer.
CHARLOTTE WHITTON;
EXBÜRGERMEISTERIN VON OTTAWA

Vor vielen Jahren, kurz vor meinem Geburtstag, gab ich mich Tagträumen über die wunderbaren Geschenke hin, die ich von meinem Mann bekommen würde. Es war ein kalter Winter, mir war äußerst romantisch zumute, und so dachte ich besonders oft an große Blumensträuße, vor allem an meine Lieblingsblumen – Rosen.

Als der Tag endlich kam, schenkte mein Mann mir einen Fernseher mit Kopfhörern, was hieß, dass ich nicht auf meine Lieblingsprogramme verzichten musste, wenn er sich seine Sportsendungen ansah.

Er hat, das einzugestehen gebietet die Fairness, Zeit und Geld auf das Geschenk verwandt, und er erwartete wirklich, dass es mir gefallen würde. Außerdem hatte ich ihm niemals explizit gesagt, dass ich etwas Romantisches wollte, Blumen zum Beispiel.

Das ist das Entscheidende. Ich hatte es ihm nie gesagt.

Ich dachte: »Wenn er sich wirklich etwas aus mir macht, dann weiß er, was ich will. Wenn ich es ihm sagen muss, will ich es nicht.«
Jedes Mal, wenn Frauen diese Geschichte hören, bei jedem Seminar und jedem Vortrag, nicken sie. Offenbar kennen wir alle dieses Gefühl.
Und jetzt übertragen Sie das bitte auf Ihr Arbeitsleben. Nehmen wir an, Ihr unmittelbares Ziel ist das Büro in Paris. Ihr Chef redet seit einem Jahr darüber, dass er dort eine Vertretung eröffnen will. Das ist Ihr Traum. Wenn Sie nicht klar strategisch denken, werden Sie etwa wie folgt vorgehen: Sie lassen Bemerkungen darüber fallen, wie gern Sie nach Frankreich reisen. Sie erwähnen, dass Sie sich bei einem Französischkurs angemeldet haben. Sie reden darüber, dass Sie immer häufiger französisch kochen. Aber während Sie all das tun – und dabei bessere Arbeit leisten als alle anderen in Ihrer Abteilung –, marschiert irgendein Kerl vom anderen Ende des Flurs zu Ihrem Chef und überzeugt ihn, dass er der richtige Mann für Paris sei.
Ihr Vorgesetzter gibt ihm die Stelle, und wenn Sie protestieren, kann Ihr Chef ehrlich sagen: »Ich hatte keine Ahnung, dass Sie sich dafür interessierten.«
»Haben Sie das denn nicht gemerkt?«, wäre eine ausgesprochen jämmerliche Antwort.
Männer lernen schon als Kinder, um das zu kämpfen, was sie wollen. Was immer sie gerade spielen, sie lernen, dass man nicht gewinnt, wenn man sein Ziel nicht klar definiert und sich nicht bemüht, es zu erreichen.
Also was müssen Sie tun, um die Stelle in Paris zu bekommen?

Sie müssen nicht wie ein Mann vorgehen. Aber Sie müssen:

1. sich klar vor Augen halten, wie er das Spiel spielt und wie Sie es spielen,
2. sich damit abfinden, dass zurzeit seine Spielweise die akzeptierte ist,
3. sich fragen, ob Sie Ihre Spielweise ändern möchten.

Die folgenden vierzehn Regeln zeigen Ihnen, wie Sie das Spiel wie ein Mann spielen – und gewinnen können. Jeder Punkt beginnt mit einem Problem, beschreibt dann, welche Strategien für Männer, welche für Frauen typisch sind, und schließt mit einigen Überlegungen dazu.

1. Sagen Sie, was Sie wollen

Situation: Die Vertretung in Paris ist zu vergeben (siehe oben).
Seine Strategie: Er fragt.
Ihre Strategie: Sie macht Andeutungen.

Platt gesagt: Fragen ist die einzige Art, zu bekommen, was Sie haben wollen.
Sie finden das selbstverständlich? Nun, ich kann Ihnen nicht sagen, wie oft Frauen mir von Vertragsverhandlungen erzählt haben, bei denen sie auf eine beträchtliche Gehaltserhöhung hofften und eine kleine angeboten bekamen. Sie waren enttäuscht, fühlten sich betrogen, frag-

ten sich, was sie falsch gemacht haben. Widersprachen sie? Nein. Stattdessen sagten sie zu ihrem Vorgesetzten: »Vielen Dank.« Aber privat klagten sie.

Es ist kein Zufall, dass es im Kino immer ein Mann ist, der sagt: »Ich will Geld sehen.«

Nach dem Gespräch mag der Vorgesetzte sich darüber freuen, wie höflich seine Angestellte war, wie mühelos er mit ihr verhandeln konnte, welch angenehme Atmosphäre zwischen ihnen herrschte. Aber die dicke Gehaltserhöhung gewährte er dem Kerl, der zu ihm kam und sie verlangte.

Im Laufe der Jahre habe ich viele Frauen gesehen, die Erfolg hatten, und viele, die scheiterten. Die Gründe für den Erfolg sind vielfältig, die für das Scheitern hingegen fallen in einige klar benennbare Kategorien. Ganz weit oben auf dieser Liste rangiert die Unfähigkeit, die Bedeutung dieses einen Wortes zu begreifen: NEIN.

Frauen sind in dem Glauben erzogen, dass *nein* nur *NEIN!!!* heißen kann. Wenn wir also mit einer abschlägigen Antwort rechnen, fragen wir meist erst gar nicht. Für einen Mann hingegen stecken in einem *Nein* mehrere Möglichkeiten: *nein*, *vielleicht* oder *später*.

Männer lernen sehr früh, dass *nein* nicht absolut, sondern relativ ist – es ist eine zeitweilige Abfuhr, keine endgültige Zurückweisung. Der Junge weiß, dass das erste *Nein* nicht zwingend auch das letzte Wort in einer Sache ist. Es bedeutet nicht, dass du nicht später doch noch spielen kannst. Es heißt nur, dass du jetzt, in diesem Augenblick, nicht spielst.

Wenn er in die Mannschaft aufgenommen wurde und der Trainer ihn aber nicht spielen lässt, wird er ihn dennoch

immer wieder darum bitten, so, wenn jemand verletzt oder vom Platz gestellt wird. »Hör mal, Trainer«, sagt er immer wieder. »Ich kann das! Gib mir doch eine Chance!«
Selbst wenn Männer vermuten, dass sie eine ablehnende Antwort bekommen werden, preschen sie vor und fragen. Bekommen sie ein *Nein,* zucken sie mit den Achseln, gehen in ihr Büro zurück und denken darüber nach. Dann fällt ihnen ein, wie sie das Negative zum Positiven wenden können. Sie denken: »Ich habe im falschen Moment gefragt, ich habe die Frage falsch gestellt, ich habe mich falsch ausgedrückt.«
Wie ein Mensch auf das Wort reagiert, liegt in der Macht des Wortes selbst. Empfinden Sie *nein* als persönliche Zurückweisung oder als neue Information, mit der Sie arbeiten müssen?
Weil wir Situationen personalisieren, hören wir in jedem *Nein* eine Bewertung unserer Fähigkeiten, einen Hinweis darauf, dass die Beziehung zwischen uns und unserem Vorgesetzten gescheitert ist. Und was folgt daraus? Wir geben auf. Denn die weibliche Definition des Wortes *nein* ist: *Auf gar keinen Fall, wie können Sie überhaupt fragen?*

Das Problem: Weil Sie Angst vor Zurückweisung haben, bitten Sie nie um das, was Sie haben wollen.
Was Sie tun müssen: Stellen Sie sich vor, was im schlimmsten Fall passieren kann, wenn jemand »nein« sagt. Es ist keine Tragödie. Es ist kein Todesstoß, es wirft Sie nur zurück.
Also sage ich: Reden Sie. Sagen Sie es laut in Ihrem Büro. Nichts ist real, solange Sie es nicht laut gesagt haben.

Frauen neigen dazu, zu internalisieren und still zu leiden. Ja, wenn Sie nicht sagen, was Sie wollen, riskieren Sie nicht, sich zu blamieren. Ja, solange Sie Ihre Wünsche geheim halten, können Sie sich sicher fühlen. Ja, Sie werden nicht scheitern, wenn Sie niemals jemandem erzählen, was Sie wollen. Aber Sie werden es auch nicht bekommen.

Also sehen Sie die Wand an und sagen Sie laut und deutlich: »Ich will Leiterin der Werbeabteilung sein.« Sagen Sie es zum Fenster, zur Zimmerdecke, zum Schreibtisch. Dann setzen Sie sich hin und überlegen, ob Sie das wirklich wollen.

Entweder denken Sie: »Ja, ich wäre eine großartige Abteilungsleiterin.« Oder aber: »Auf keinen Fall. Diesen Job will ich nicht.«

Ich glaube fest daran, dass wir zu dem Menschen werden, der wir zu sein glauben. Der Weg zur Firmenchefin beginnt damit, sich selbst als Firmenchefin zu denken und zu sehen, es sich laut vorzusagen, immer wieder. Wiederholen Sie es so lange, bis Ihnen diese Vorstellung ganz vertraut ist. Dann werden Sie schließlich genau das werden.

2. Melden Sie sich zu Wort

Situation: Eine Besprechung mit Ihrem Vorgesetzten und einem Dutzend Kollegen und Kolleginnen.

Seine Strategie: Er ist über den letzten Stand der Dinge nicht ganz informiert, beteiligt sich aber kenntnisreich an der Diskussion, wenn er etwas weiß.

Ihre Strategie: Sie kennt sich mit der Materie nur zu 95 Prozent aus, ist aber besser vorbereitet als alle anderen. Nagende Zweifel hindern sie daran, sich zu Wort zu melden.

Wie ich schon sagte, haben Männer keine Probleme damit, sich zu äußern. Sie werden von Kindesbeinen an ermuntert, ihre Meinung zu sagen und zu diskutieren. Ist ihre Antwort richtig, werden sie belohnt, ist sie falsch, heimsen sie Lob dafür ein, es wenigstens versucht zu haben.
Übertragen Sie das auf das Büro: Wir wissen alle, dass Männer sich offenbar nicht im Geringsten scheuen, die lächerlichsten Ideen von sich zu geben, sie unterbreiten Ansichten und Pläne, bei denen es uns schüttelt. Sie wissen, dass man sich nur an ihre guten Ideen erinnern wird. 95 Prozent mögen Schrott sein, aber wegen der paar, die etwas taugen, werden sie der King.
Männer reden viel. Frauen – selbst gewiefte Managerinnen – reden nicht genug. Als Leiterin der CNN-Direktorenkonferenz bestimme ich, wer von meinen Kollegen und Kolleginnen zu den zwei Dutzend Gästen gehört, die an den informellen Mittagessen mit unseren Gastrednern teilnehmen – deren Spektrum reicht von Persönlichkeiten der Weltpolitik wie Michael Gorbatschow bis zu Schriftstellerinnen wie Maya Angelou. In all den Jahren meldeten sich Frauen bei den Fragerunden selten zu Wort. Tat eine es doch und ein Mann setzte gleichzeitig zum Reden an, war sie sofort still. Irgendwann gab ich an die Frauen eine vertrauliche Spielregel aus: Wenn ihr euch nicht an den Diskussionen beteiligt, werdet ihr nicht wieder eingeladen.

Jetzt reden sie, weil sie müssen. Und sie stellen hervorragende Fragen.
Auch das gehört hierher: Männer nehmen als Kinder und Jugendliche an so vielen Sportarten und Spielen teil, dass sie verlieren lernen. Sie begreifen, dass Rückschläge vorübergehend sind, dass jedem ein Comeback gelingen kann, dass es nicht das Ende der Welt ist, wenn man in einer Konferenz etwas Falsches sagt.
Wir hingegen fühlen uns als Versagerinnen, wenn wir einen Fehler machen oder das Gesicht verlieren. Leistung ist unsere Trumpfkarte, und daher glauben wir, dass wir keine Silbe sagen sollten, solange wir uns nicht in allem 100 Prozent sicher sind.

Das Problem: Wenn Sie nichts sagen, weiß keiner, dass Sie da sind.
Was Sie tun müssen: Beobachten Sie, was um Sie herum vorgeht, und verhalten Sie sich entsprechend. Beobachten Sie beispielsweise bei Besprechungen, was andere tun und wie sie interagieren. Lachen und scherzen sie, essen sie? Sind sie konzentriert oder entspannt? Kuschen alle vor dem großen Zampano – oder tut jeder, als sei er selbst ein großer Zampano? Reden alle, oder redet nur der Chef? Jede Konferenz folgt eigenen Gesetzen. Es ist Ihre Verantwortung, sie zu entschlüsseln.

3. Melden Sie sich laut genug zu Wort

Situation: Der Chef hat für zwei kurze Präsentationen zehn Minuten Zeit.
Seine Strategie: Er gibt seinen Bericht laut und deutlich in weniger als fünf Minuten.
Ihre Strategie: Sie spricht, mit kaum vernehmbarer Stimme, fast eine Viertelstunde.

Wenn ein Mann ein Konkurrenzspiel spielt, ist wenig Zeit für Geplapper. Stellen wir uns ihn bei einem Basketballspiel vor. Es sind noch fünf Sekunden zu spielen, und seine Mannschaft, mit einem Punkt Rückstand, hat den Ball. Wenn der Trainer zu ihm hinüberruft, fragt er nicht nach dem bisherigen Ablauf des Spiels oder was er über den Trainer des letzten Jahres denkt. Er sagt, was er sagen muss, so prägnant, wie es die Situation erfordert, und nicht mehr.

Männer sagen immer, dass Frauen, die im Büro reden, zu schüchtern, zu ausweichend, zu redundant oder zu unsicher seien.

In einem großen Unternehmen gibt es eine leitende Angestellte, die von ihren männlichen Kollegen insgeheim »Darf-ich-Sie-was-fragen« genannt wird. Sie stellt ungeheuer viele schlaue Fragen, kann sie aber nicht stellen, ohne sie mit: »Darf ich Sie was fragen« einzuleiten.

Das ist die schlechteste aller denkbaren Strategien. Man fragt nie, ob man fragen darf. Man fragt.

Weil man uns beigebracht hat, unsere Meinung nur zögernd preiszugeben, strotzt unser Vokabular von Ausdrücken wie: »Ich möchte Sie nicht unterbrechen, aber ...«, »Ich weiß, dass Sie gerade sehr beschäftigt sind, aber ...«, »Diesen Gedanken hat vermutlich jeder schon einmal gehabt, aber ...« Oder wir benutzen einen anderen der zahllosen Sätze, die mit »aber« weitergehen. Müssen wir uns denn wirklich für das entschuldigen, was wir sagen wollen? Warum können wir nicht einfach sagen, was zu sagen ist, und das schnell? Wenn Sie um Erlaubnis bitten, etwas sagen zu dürfen, gibt dies Ihrem Beitrag Vorbehalt statt Kraft. Was unter Vorbehalten vorgetragen wird, hat keine Durchschlagskraft.

Selbst wenn Sie die Entschuldigungen und Vorreden umschiffen, bleibt das Problem der Lautstärke. Frauen sprechen bei Besprechungen oft so leise, dass nicht alle im Raum sie gut hören können.

Bis zu einem gewissen Grad ist auch das eine Folge erlernten Verhaltens – wir wurden nicht ermutigt, so eindringlich zu sprechen wie die Jungen. Wollen wir allerdings unsere Kinder dazu bringen, nicht so laut herumzubrüllen, mangelt es uns offenbar nie an Stimmvolumen.

Aber bei kraftvollem Sprechen geht es nicht um laut oder leise, sondern darum, dass Sie Ihre Stimme gezielt einsetzen. Sie können auch ohne laute Stimme sehr entschlossen klingen – solange Sie meinen, dass Sie das Recht zum Reden haben.

Ihre Karriere kommt nicht voran, wenn niemand Ihre Beiträge hören kann oder Sie Ihre geniale Idee so leise flüstern, dass ein anderer sie eine halbe Stunde später mit lauter Stimme verkünden und dafür die Lorbeeren einheimsen kann. Es ist nicht Ihre Idee, solange Sie nicht bereit sind, dafür einzutreten und sie stark zu machen. Ihr Tor zählt nicht, wenn es keiner gesehen hat.

Das Problem: Sie sind stimmlich nicht präsent.

Was Sie tun müssen: Sie müssen überzeugend und vorbehaltlos sprechen. Das bedeutet nicht, dass Sie wie ein Mann sprechen sollen. Es geht hier nicht um: »Wenn Sie Ihren Arsch nicht augenblicklich in Bewegung setzen, können Sie mich kennen lernen.« Aber Sie müssen üben, so zu sprechen, dass es Ihnen Macht verleiht.

Wenn es sein muss, gehen Sie nach Hause und reden Sie mit der weißen Wand. Sagen Sie: »Jetzt reicht es mir«, sagen Sie: »Das möchte ich heute nicht machen«, sagen Sie: »Ich möchte in den Konferenzen nicht mehr unterbrochen werden.« Sagen Sie es so laut, dass jemand, der mit Ihnen im Zimmer wäre, und zwar egal wo, Sie gut verstünde.

Überall auf der Unternehmens-Landkarte sprechen Frauen von dem Ort namens Keine-Erlaubnis. Wir sprechen leise, wir sprechen schüchtern, ohne Autorität und Macht. Vor kurzem saß ich mit zwei sehr fähigen Frauen auf einem Podium, die beide ihre Chance vertaten, die Zuhörer zu beeindrucken, weil sie zu zögerlich sprachen. Es hörte ihnen niemand mehr zu, während der einzige Mann auf dem Podium sehr nachdrücklich sprach. Als Folge wurden im Anschluss alle Fragen an ihn gerichtet, obwohl eigentlich die Frauen die Expertinnen waren. Diese beschwerten sich später bei mir, das sei wieder eine ganz typische, männerdominierte Veranstaltung gewesen. Aber ich sagte ihnen, dass sie daran ebenso viel Schuld hätten wie er.

Jede Frau sollte mindestens einen Kurs in Präsentationstechniken besuchen. Wir melden uns ohne Zögern zu Tennisstunden an, um unsere Rückhand zu perfektionieren, sind aber offenbar nicht willens, uns um eine selbstsichere Ausstrahlung und Vortragsweise zu bemühen. Schulen Sie Ihre Stimme. Glauben Sie ernsthaft, dass die Nachrichten- und Talkshow-Moderatoren, denen Sie jeden Abend zuhören, zur Welt kamen und wie Nachrichtenmoderatoren sprachen?
Lassen Sie sich beim Reden auf Video aufnehmen und sehen Sie sich das an. Das ist hart, ich weiß. Ich bleibe aus guten Gründen auf der anderen Seite der Kamera. Dennoch habe ich mich Dutzende Male dazu gezwungen, weil ich weiß, dass ich dabei immer etwas lerne.
Natürlich können Sie Ihre Stimme nicht völlig verändern, aber mit entsprechendem Training kann fast jede Stimme in beruflichen Situationen kräftiger und entschiedener klingen. Ihre Stimme ist ein Instrument, wie ein Klavier oder eine Geige. Um Erfolg zu haben, müssen Sie sie meisterhaft beherrschen.

4. Singen Sie Ihr Loblied

Situation: Der oberste Vorgesetzte macht seinen monatlichen Gang durch die Abteilungen.
Seine Strategie: Er verlässt sein Büro, stellt sich vor und erwähnt sein gegenwärtiges Projekt.
Ihre Strategie: Sie ist sicher, dass der Vorgesetzte sie aufgrund ihrer hervorragenden Leistungen kennt, und

bleibt daher in ihrem Büro. Schließlich geht es nur darum, wie man arbeitet.

Als ich aufwuchs, wohnten fast alle meine Freundinnen in schönen Häusern und hatten wohlhabende Eltern mit schönen Autos. Wir kannten nur wenige Menschen außerhalb unseres kleinen Zirkels, aber hin und wieder spielten wir mit einem Mädchen, das im Nachbarort lebte. Sie schien genau wie wir, aber als wir sie schließlich eines Tages besuchten, stellten wir fest, dass ihr Haus viel größer war als unsere, der Garten zweimal so groß, und ihre Eltern hatten drei Autos. Es dämmerte uns, dass diese Familie sehr, sehr reich war.
Unsere Freundin hatte sich offenbar größte Mühe gegeben, das zu verheimlichen, weil sie nicht angeben wollte. Immerhin wuchsen wir im Glauben an Gleichheit auf, und das hieß auch, dass wir nicht auf uns aufmerksam machen sollten. Zeichnete eine von uns sich vor den anderen aus – indem sie in der Schule einen Preis gewann oder ein neues Kleid trug –, sollten unsere Freundinnen sagen, dass wir großartig waren, schön aussahen. Dieses Lob durften wir entgegennehmen, aber wir durften nie den Eindruck erwecken, als legten wir es darauf an.
Die Jungen lernen bei ihren Spielen, in jeder denkbaren Art herauszuragen, sich kühn in die erste Reihe zu stellen. Wie sonst soll der Trainer sie bemerken? Man kommt nicht in die Mannschaft, indem man dem Trainer zumurmelt, dass alle Jungs auf dem Platz viel besser sind als man selbst. Jungen übertreiben, prahlen, geben an.
Im Berufsleben ist es genauso. Wer vorwärts kommen will, muss sich bemerkbar machen. Und bemerkt wird

die Frau, die dafür sorgt, dass ihre Vorgesetzten die Qualität ihrer Arbeit bemerken.
Es gehört untrennbar zu Ihrer Arbeit, dass Sie für Ihre Leistung die entsprechende Anerkennung erhalten. Ja, das Unternehmen hat Sie angestellt, damit Sie die Buchhaltung in Ordnung halten. Aber Sie wurden auch angestellt, damit Sie an den jeweiligen Diskussionen teilnehmen, also zu neuen Projekten beitragen oder Lösungen für alte Probleme suchen. Die Firma will Ihren Beitrag, und wie sollen Ihre Vorgesetzten etwas von Ihren guten Ideen ahnen, wenn ihnen niemand sagt, wie begabt Sie sind?

Das Problem: Sie fühlen sich im Rampenlicht unwohl. Sie meinen, Ihre Arbeit spreche für sich.
Was Sie tun müssen: Sorgen Sie dafür, dass alle wissen, was Sie tun. Melden Sie sich zu Wort und stellen Sie sich vor. Zeigen Sie den Leuten, dass Sie intelligent sind, dass Sie die erwartete Leistung bringen, dass Sie Ihren Aufgabenbereich im Griff haben.
Das können Sie allerdings nicht auf die gleiche Weise tun wie ein Mann. Er kann ungestraft angeben. Sie nicht. Wenn Männer prahlen, erinnert sie das an ihre Zeiten in der Fußballmannschaft. Wenn Frauen prahlen, hören Männer und Frauen Unverschämtheit und Penetranz.
Sie müssen eine Art finden, Ihre eigene PR-Chefin zu sein, mit der Sie sich wohl fühlen und die zur Atmosphäre Ihres Unternehmens passt. Wir müssen also unser eigenes Loblied auf eine Weise singen, die uns oder unseren Kollegen nicht peinlich ist. Am leichtesten fällt das im direkten persönlichen Gespräch. Suchen Sie also, statt

bei einer Konferenz aufzustehen und über sich selbst zu sprechen, persönlichere Situationen, Ihre Leistungen bekannt zu machen.

1. Tipp: Halten Sie Ihren Vorgesetzten über Ihre Fortschritte auf dem Laufenden. Schicken Sie ihm im Abstand von einigen Wochen kurze Berichte, die ihn subtil daran erinnern, dass Sie eine wichtige Mitarbeiterin für ihn sind. Werden Sie nicht großmäulig. Seien Sie schlau – verstecken Sie Ihre Selbstwerbung in den Beschreibungen, was Ihre Arbeitsgruppe tut. Wenn es einen Sieg zu vermelden gibt, müssen Sie unbedingt dafür sorgen, dass Sie die gute Nachricht als Erste überbringen. Wenn er clever ist, begreift er, dass Sie die wichtigste Spielerin waren, weiß aber Ihren Teamgeist zu schätzen.

2. Tipp: Stellen Sie sich dem neuen Chef vor, wenn er seine Runde durch die Abteilung macht, aber lassen Sie es nicht dabei bewenden. Stellen Sie sich allen vor: den Leuten im Aufzug, den Leuten, die über Ihren Flur gehen, den Leuten auf dem Parkplatz. Und machen Sie sich keine Sorgen, falls sich herausstellt, dass die Unbekannte die neue Auszubildende ist. Man kann nie wissen, wen sie kennt, was aus ihr wird oder wo sie Ihnen einmal unter die Arme greifen könnte.

3. Tipp: Unterhalten Sie sich auf einer Betriebsfeier nicht nur mit denen, die Sie sowieso schon kennen. Eine zwanglose Unterhaltung kann Großes nach sich ziehen. Nehmen wir an, ein Manager hat ein neues Projekt und muss dafür unter drei Mitarbeitern einen auswählen. Er kennt keinen der drei Bewerber, aber seine Sekretärin sagt: »Frau Hansen habe ich auf der Weihnachtsfeier kennen gelernt, sie ist ausgesprochen intelligent.« Oder er denkt: »Frau Hansen? Habe ich mit ihr nicht kurz auf dem Jubiläumsfest gesprochen? Sie wirkte sehr fähig.« Frauen sind Meisterinnen des Smalltalks. Also smalltalken Sie. Nutzen Sie dabei Ihre Intuition. Versuchen Sie einzuschätzen, was bei dem Menschen, mit dem Sie gerade sprechen, funktionieren könnte. Vielleicht seine Familie? Sollten Sie dabei das Gefühl bekommen, dass er nicht über seine Kinder sprechen möchte, wechseln Sie das Thema: seine Pläne für den Sommerurlaub, sein beruflicher Werdegang, sein neues Auto.

4. Tipp: Die meisten großen Unternehmen haben Hauszeitschriften. Wenn Ihres eine hat, schreiben Sie etwas dafür. Und winken Sie nicht bescheiden ab, wenn jemand etwas über Ihre Abteilung schreiben möchte. Geben Sie der Interviewerin Tipps. Machen Sie sie mit Ihren Mitarbeitern bekannt. Alle Beschäftigten des Unternehmens lesen die Zeitschrift, also werden alle mehr darüber erfahren, was Sie tun.

Spieltipp: Eng verwandt mit Prahlen ist Bluffen, und das ist für Frauen ein heißes Eisen. Schließlich hat man uns dazu erzogen, tugendhaft, ehrlich und absolut gradlinig zu sein. Ich wüsste kaum eine Frau zu nennen, die vorgibt, mehr zu wissen, als sie weiß. Mehr noch: Wir tendieren in die andere Richtung. Wir wollen sicher sein, dass wir wissen, was wir tun, und ziehen daher eine übertriebene Vorbereitung dem Bluff vor.

Männer lernen in der Kindheit, bei jedem Spiel zu bluffen, aber bei Puppen und im Puppenhaus gibt es keinen Bluff, weil es da nicht um Gewinnen oder Verlieren geht. Bluffen muss nur, wer siegen will.

Ob es Ihnen gefällt oder nicht: Wer seinen Job gut macht, muss ihn dabei stets auch ein Stück weit erfinden. Es wird immer wieder vorkommen, dass Sie nicht alles wissen. Und Sie werden niemanden davon überzeugen können, dass Sie alles im Griff haben, wenn Ihnen die Angst aus den Augen springt. Glauben Sie mir: Zu den besten Freundinnen einer jeden Angestellten zählt das Pokergesicht.

5. Erwarten Sie nicht, hier Freunde zu finden

Situation: Ins Nebenbüro zieht eine neue Kollegin ein. Sie ist freundlich und kooperativ, macht aber deutlich, dass sie an persönlichen Kontakten nicht interessiert ist.
Seine Strategie: Das ist ihm gleichgültig.
Ihre Strategie: Sie ist verletzt. Sie hat Schuldgefühle. Hat sie etwas getan, was die Neue verletzt haben könnte?

Ich weiß, dass inzwischen alle Schulen in den USA ihre Schülerinnen ermutigen, mehr Mannschaftssportarten zu machen. Darum freute ich mich besonders über die Möglichkeit, mich mit der Schülerin eines kleinen Ostküsten-Colleges zu unterhalten, die in der Schulmannschaft Fußball spielt. Diese junge Frau ist sehr sportlich, und ihre Mannschaft ist gut. Aber als sie in der Vorwoche im Fernsehen ein Spiel zwischen zwei großen Fußballmannschaften sah, war sie entsetzt: »Die waren richtig hinterhältig. Sie spielen rabiat. Wir wollen auch gewinnen, aber vor allem wollen wir zusammen Spaß haben.«

Es verändert sich etwas – aber langsam. In einigen Colleges lernen Frauen im Sportunterricht, auf Sieg zu spielen, aber das ist noch nicht die Regel. Die Konzentration aufs Gewinnen ist immer noch Männersache. Ein Spielen, um Freundschaften zu schließen, hingegen nicht. Wann haben Sie zum letzten Mal gehört, dass eine Fußballmannschaft nach einem wichtigen Spiel sagte: »Es war ganz wunderbar. Die Kerle von der anderen Mannschaft waren sooo nett. Schade, dass wir verloren haben«?
Im Beruf geht es ebenso wenig um Freundschaft wie bei wichtigen sportlichen Wettkämpfen. Männer wissen, dass Beruf Beruf ist und Privatleben Privatleben. Wenn sie berufliche Meinungsverschiedenheiten ausfechten, finden sie einander deswegen nicht unkollegial, gleichgültig oder abtrünnig. Sie wissen, dass sie sich am Freitag streiten können, dass die Fetzen fliegen, und trotzdem am Samstag ein paar freundliche Biere miteinander kippen werden.
Für viele Frauen sind die Beziehungen zu Kolleginnen und Kollegen so wichtig, dass wir vergessen, wie wichtig eine angemessene Distanz ist.
Die Aufgabe der Bookerin bei CNN ist es, für jede Sendung die richtigen Experten zu finden. Aufgabe der zuständigen Redakteurin ist es, mit diesen Fachleuten Vorgespräche zu führen, das heißt, sie unterhalten sich mit ihnen und gehen das Thema durch. Manchmal kommt eine Redakteurin nach einem solchen Vorgespräch zu dem Ergebnis, dass die Bookerin die falsche Person gewählt hat, und sagt das auch. Ich kann Ihnen nicht sagen, wie oft das zu Streit und Wutanfällen führt und wie viele Freundschaften nach solchen Meinungsverschiedenhei-

ten zerbrechen. Die Bookerin nimmt es persönlich, dass ihre gute Freundin in der Redaktion sie bloßgestellt hat. Ich sage zur Bookerin und ich sage zur Redakteurin (wenn sie überhaupt bereit sind zuzuhören), dass es bei unserem Job nicht um Freundschaft geht, sondern darum, gut und professionell zu arbeiten.

Als ideal empfinden wir eine Arbeitssituation, in der wir mit dem Ball auf den Korb zulaufen, ihn an unsere beste Freundin abgeben, die ihn unserer Schwester zuspielt, die ihn unserer Cousine zuwirft, die ihn dann zum Korbwurf an uns zurückgibt. Was aber, wenn Ihrer besten Freundin, Ihrer Schwester oder Ihrer Cousine das Spiel so nicht gefällt? Werden Sie mitten im Spiel stehen bleiben und ihnen vorwerfen, illoyal zu sein, während die gegnerische Mannschaft mit dem Ball abzieht?

Das Problem: Wenn Sie unbedingt mit Ihren Kolleginnen eng befreundet sein wollen, könnten Sie bald viele Exfreundinnen haben – und einen Exjob.

Was Sie tun müssen: Denken Sie daran, dass Ihre Stelle nur eine von vielen Facetten Ihrer Person ist. Ihre Arbeit ist Ihre Arbeit, Ihr Leben ist Ihr Leben. Entscheidungen und Kommentare, die im Beruf richtig sind, sind es in anderen Zusammenhängen vielleicht nicht. Vergessen Sie nie, dass es nicht der Zweck Ihres Berufes ist, Freundschaften zu schließen. Das kann ein Nebenprodukt sein.

Spieltipp: Einer der größten Mythen der Geschäftswelt, der besonders laut von Männern verkündet wird, ist, dass Frauen einander nicht unterstützen. Das stimmt nicht.

Frauen tun viel, um einander zu helfen. Und sie vergessen es nicht.
Wenn an diesem Mythos überhaupt etwas Wahres ist, dann spiegelt er nur, auf welche Weise männliche Hierarchien für eine Position gern zwei Bewerberinnen gegeneinander ausspielen und so eine unangenehme Konkurrenzsituation schaffen.
Noch häufiger entsteht dieser Mythos durch eine unangemessene Personifizierung berufsbedingter Probleme, die zu Streit führt. Aber wenn das bekannt wird, war es meist ein Mann, der für die Verbreitung der Geschichte sorgte.
Vor Jahren vertraute Joanna, eine Kollegin von mir, einem Kollegen namens Jordan an, die einzige andere Frau auf ihrer Hierarchieebene habe ihr erst versprochen, sie bei einer Besprechung zu unterstützen, auf direkte Nachfrage des Sitzungsleiters aber einen Rückzieher gemacht. Es habe sie überrascht und sehr verärgert, dass ihre Freundin nicht zu ihrem Wort gestanden habe, dann habe diese ihre Gründe erklärt und Joanna habe ihre Entschuldigung akzeptiert. Damit, meinte sie, war die Angelegenheit aus der Welt.
Aber Jordan lässt es einfach nicht auf sich beruhen. Wenn beide in einer Besprechung sind und es irgendwie um Frauen geht, zwinkert er Joanna bis zum heutigen Tag verschwörerisch zu, als wolle er sagen: »Gerade du weißt ja am besten, was ich meine!«
Dass Joanna ihm mehrfach gesagt hat, ihre Freundin habe ihr Schweigen erklärt, ist egal. Er reitet weiter darauf herum, weil er glauben will, dass ihre Feindseligkeit anhält. Besonders gern erzählt er anderen Män-

nern davon – und zwar während der Arbeitszeit und danach.
Also selbst wenn Sie sich über eine Kollegin furchtbar ärgern: Tun Sie uns allen den Gefallen, es für sich zu behalten.

Spieltipp: Sie können nicht erwarten, mit allen Freundschaft zu schließen. Und Sie können nicht alle glücklich machen.
Eine andere Bekannte rief mich kürzlich an. Ihr Mann hatte Probleme mit einem Vorgesetzten, den ich seit Jahren kenne, und sie sagte zu mir: »Mein Mann ist so intelligent. Das weißt du. Vielleicht kannst du etwas machen.«
Ich sagte ihr unmissverständlich, dass es ein grober Fehler wäre, wenn ich mich da einmischte (und ihr Vorschlag außerdem der erste Schritt zum Scheidungsrichter sein könnte). Der Impuls, auf jede vorstellbare Weise zu helfen, beweist ihr gutes Herz, ist aber eine miserable Spielstrategie – und ganz bestimmt nicht die Art, wie Männer es machen. Können Sie sich vorstellen, dass ein Mann sich mit dem Vorgesetzten seiner Frau verabredet, damit diese schneller befördert wird?
Es interessiert mich nicht, wer Sie sind. Sie können es nicht allen recht machen. Wenn Sie es versuchen, werden Sie sich nicht nur um Ihre Kinder, Ihren Mann und Ihre Eltern kümmern müssen, sondern auch um Ihre Sekretärin, Ihren Vorgesetzten, Ihren Verkäufer, Ihre Buchhalterin und um weiß Gott wen noch. Ihr Job ist es vor allem, sich um Ihren Job zu kümmern.

6. Ertragen Sie Unsicherheit

Situation: Der Chef gibt allen Angestellten einer bestimmten Hierarchiestufe neue Aufgabengebiete.
Seine Strategie: Er erwähnt nicht, dass er unsicher ist, wie er das angehen soll, und legt los.
Ihre Strategie: Sie macht sich wegen ihrer neuen Aufgaben so viele Sorgen, dass es ihr fast unmöglich wird, überhaupt zu arbeiten.

Tatsache: Im Gegensatz zu Männern, die ihren Erfolg verschiedenen Faktoren zuschreiben, glauben Frauen, wir kämen voran, weil wir besser arbeiten als alle anderen. Ich bezweifle, dass es eine Frau gibt, die ihre Beförderung jemals einem anderen Grund als ihren hervorragenden Leistungen zugeschrieben hat.
Wir sind daher über die Jahre zu Perfektionistinnen geworden. Wir behaupten nicht, etwas zu wissen, wenn wir es nicht in- und auswendig beherrschen.
Männer lernen früh, sich mit einem vagen Gefühl dafür zufrieden zu geben, was die richtige Antwort sein könnte. Sie meinen, wenn sie das Spielbrett kennen, werden sie irgendwie auch herausbekommen, wie sie weiter vorgehen müssen.
Hätte ich es nicht schon gewusst, ich hätte es bei meinen Seminaren bei den Betriebswirten gelernt. Stellte ich eine allgemeine Frage, nickten die Studenten sofort wissend. Sie nahmen an, dass ich sie nicht näher befragen würde. Und falls ich es doch täte – wer weiß, vielleicht kämen sie ja auf die richtige Antwort, wenn sie sich richtig den Kopf zerbrächen.

Die Studentinnen hingegen warteten immer, bis sie genau begriffen hatten, was ich gerade erklärte. Sie nickten niemals, solange sie nicht sicher waren, dass sie wirklich etwas zum Thema beizutragen hatten.
Stellen Sie sich Männer auf dem Sportplatz vor. Sie rennen nicht über das Spielfeld und fragen: »Ob wir die wohl schlagen können?« Sie platzen vor Draufgängertum, Bluff, Prahlerei. Sie pumpen sich auf. Sie sagen: »Wir können alles!«
Ob es nun stimmt oder nicht: Sie wissen jedenfalls, dass sie viel bessere Siegeschancen haben, wenn sie voll Selbstvertrauen ins Spiel gehen.

Das Problem: Wenn Sie völlig abgesichert sein müssen, bevor Sie den ersten Schritt tun, machen Sie ihn nie.
Was Sie tun müssen: Vertrauen Sie auf Ihre Fähigkeit, Leistung zu bringen, und hören Sie auf, sich Sorgen zu machen, ob Sie für die neue Aufgabe überhaupt kompetent genug sind. Das werden Sie früh genug herausfinden. Es gibt keine Hundert-Prozent-Sicherheit – im Beruf nicht, im Leben nicht. Im Beruf gut sein bedeutet nicht zuletzt, sich auf dem Weg immer wieder neu zu orientieren.
Dabei lügen Sie nicht. Sie improvisieren. Die meisten schwierigen Situationen in Ihrem Berufsalltag sind neu. Eine wirklich gute leitende Angestellte hat immer eine Idee, wie man das noch nie Gemachte machen kann.

7. Riskieren Sie etwas

SITUATION: Sie haben das Gefühl, dass Sie beruflich stagnieren. Ihr Vorgesetzter sagt Ihnen, dass Sie nur weiterkommen, wenn Sie sich exponieren und hin und wieder etwas riskieren.
SEINE STRATEGIE: Er riskiert etwas.
IHRE STRATEGIE: Sie versinkt so im Abwägen aller Vor- und Nachteile, dass sie überhaupt nichts unternimmt.

Wie kann man die Lehren eines ganzen Lebens abschütteln? Männer wurden schon als Kinder ermutigt, etwas zu wagen. Uns wurde es verboten. Buben sollen kämpfen. Uns wurde das verboten. Er ist ein Meter dreißig groß und findet es völlig in Ordnung, einen Jungen von ein Meter siebzig zu decken. Er lernt, was Risiko bedeutet.
Frauen werden dazu erzogen, körperlich vorsichtig zu sein, Situationen zu meiden, die gefährlich sein könnten. Spring nicht von der Mauer. Fass den Hund nicht an. Spiel nicht so nah am Ufer. Unsere Eltern wollten verhindern, dass wir uns wehtun. Was, wenn eine Narbe uns lebenslang entstellen würde? Welcher Mann würde uns noch heiraten wollen?
Aber ohne ein gewisses Risiko kommt man nicht voran. Wer immer auf Nummer Sicher geht, wird beruflich niemals durchstarten. Wer Angst hat, die eigenen Grenzen zu sprengen, wird niemals Chefin. Wer passiv bleibt, kommt nicht von der Stelle.
Ein Risiko macht Angst, weil man handeln muss. Was, wenn ich diesen Schritt mache und gekündigt werde?

Was, wenn ich dieses neue Projekt übernehme und es in den Sand setze? Warum soll ich überhaupt etwas wagen? Warum für Unruhe sorgen?

TATSACHE: Es gibt immer Unruhe. Wenn Sie erfolgreich sein wollen, werden Sie Fehler machen, möglicherweise wird man Ihnen sogar irgendwann kündigen. Aber keine Angst: Fehler machen und gekündigt werden kann bedeuten, dass Sie etwas Ungewöhnliches gemacht haben oder jemandem aufgefallen sind. Mehr noch: Solange Fehler die Ausnahme und nicht die Regel sind, sind sie oft Zeichen des Erfolges. Eine Laufbahn, die aus vielen Plus- und einigen wenigen Minuszeichen besteht, ist die Laufbahn eines Siegers. »Es interessiert mich nicht, ob ein Manager fünf gravierende Fehler macht. Er trifft jedenfalls Entscheidungen und lernt daraus«, sagt Microsoft-Begründer Bill Gates.

Was für uns noch schwieriger zu akzeptieren ist: Was uns riskant erscheint, ist es oft nicht. Nehmen wir an, Sie haben seit sieben Jahren den gleichen Job. Sie langweilen sich und haben keine rechte Idee, wie es weitergehen soll. Der Kollege am Schreibtisch gegenüber ist in der gleichen Lage, aber er findet, es sei Zeit zu gehen. Also sagt er eines Tages zu seinem Chef, er habe eine neue Stelle, und kündigt.

Sie denken vielleicht, dass es ein Fehler ist, dieses sichere, wenn auch öde Pöstchen hinzuschmeißen. Aber während Sie darüber klagten, wie langweilig Ihr Job ist, hat er nicht nur seine Arbeit erledigt, sondern auch noch die ganze Arbeit gemacht, die nötig ist, eine neue Stelle zu finden – die Fühler ausgestreckt, Bewerbungen losgeschickt, mit Personalagenturen geredet usw. Er spielt nicht auf gut Glück – im Gegenteil: Er hat den Joker schon im Ärmel. Und während Sie noch nach Gründen suchen zu bleiben, entschwindet er in eine neue Welt mit mehr Geld, besseren Kontakten und höherem Status.

Das Problem: Sie kommen nicht voran, weil Sie Risiken scheuen.

Was Sie tun müssen: Menschen, die Risiken eingehen, sind Menschen, die ihre Ängste unter Kontrolle haben. Ohne Angst wäre es kein Risiko.

Wagen Sie ein kleines Risiko, um sich zu beweisen, dass Sie mit Ihrer Angst klarkommen können. Stellen Sie sich eine kleine Aufgabe, die Sie ungestraft vermasseln können. Ein Beispiel: Eine tüchtige Frau kommt eine Stunde vor allen anderen – und geht eine Stunde später. Sie tut nicht viel in diesen Stunden, sie führt nur vor, wie viel sie arbeitet und wie sehr sie sich aufopfert. Sie verwechselt *beschäftigt* mit *produktiv*.

Für eine solche Frau wäre es ein echtes Risiko, um neun zu kommen und um fünf zu gehen. Ich habe schon mehreren Frauen vorgeschlagen, ihre Bürozeiten zu verkürzen, damit sich jede ihrer Befürchtung stellen konnte, dass sie ihren Erfolg allein den vielen Überstunden verdankt. Als sie die reduzierten, stellten sie fest, dass niemand schlechter von ihnen dachte, nur weil sie nicht mehr so lange im Büro saßen – und sie erledigten dennoch alle Aufgaben.

Beginnen Sie ein Gespräch mit jemandem, vor dem Sie Angst haben, mit jemandem, der Ihrer Meinung nach doppelt so intelligent ist wie Sie, mit jemandem, den Sie unausstehlich finden. Oder gehen Sie in das Büro eines

Kollegen, von dem Sie glauben, er sei wütend auf Sie. Es hilft Ihnen, Ihr eigenes Terrain abzustecken, wenn Sie merken, dass die schlechte Laune eines anderen nichts mit Ihnen zu tun hat. Versuchen Sie zu denken: »Er wird sich gestern Abend mit seiner Frau gestritten haben.« Sehr oft ist jemand, der Sie anbrüllt, einfach nur wütend. »Wütend auf Sie« bedeutet dann nur, dass Sie zufällig gerade da sind.

Wenn Sie immer noch Angst vor Risiken haben, denken Sie daran, dass Sie jeden Tag Risiken eingehen. Zur Arbeit fahren ist riskant. Rohen Fisch essen ist riskant. Das Leben ist voller Risiken, aber an die meisten haben Sie sich so gewöhnt, dass sie Ihnen gar nicht mehr auffallen.

Wie Männer und Frauen ihre persönlichen Ängste angehen, unterscheidet sich eigentlich nicht grundlegend. Männer sind nur geübter darin, sich ihnen zu stellen. Er geht sein 236. Wagnis ein, Sie Ihr viertes. Natürlich haben Sie mehr Angst.

Im heutigen Berufsleben gibt es keinerlei Sicherheiten mehr, Risiko ist also ein relativer Begriff. Etwas ist nur riskant, wenn Sie nicht wissen, was Sie tun. Anderenfalls rechnen Sie sich nur aus, ob Ihre Chancen gut oder schlecht sind, und dann tun Sie es. Angst gehört zum Geschäft und zum Erfolg – lassen Sie sich von ihr nicht lähmen.

Natürlich können Sie scheitern, aber wenn Sie damit rechnen, haben Sie sich einen Notplan gemacht. Ihr heutiges Scheitern kann den Weg für den morgigen Erfolg ebnen.

8. Seien Sie eine Hochstaplerin

Situation: Ein Mann und eine Frau sind in Führungspositionen befördert worden.
Seine Strategie: Er kommt in sein neues Büro, bewundert den tollen Schreibtisch und die teuren Möbel und denkt über sein neues Aufgabengebiet nach. Er weiß, dass es vieles gibt, wovon er noch keine Ahnung hat, sagt sich aber, wenn er es bis hierhin geschafft hat, wird er es auch weiter schaffen.
Ihre Strategie: Sie kommt in ihr Büro, sieht die teuren Möbel und das Eckfenster und fühlt sich unwohl. Sie weiß, dass sie für diese Beförderung hart gearbeitet hat und keiner sie mehr verdient hat als sie. »Aber jetzt habe ich mich übernommen«, denkt sie. »Es ist nur eine Frage der Zeit, bis sie merken, dass ich hochstapele.«

Das Spiel, das die meisten Mädchen gut lernten, war das Wissensspiel. Wir haben es in der Schule gelernt, es war das Spiel, in dem wir (mit guten Noten, Lob der Eltern, Wohlwollen der Lehrer) belohnt wurden, weil wir eine gute Schülerin waren, weil wir unsere Hausaufgaben machten, weil wir gut vorbereitet in den Unterricht kamen.
Da wir das Berufsspiel erst jetzt lernen, verlassen wir uns dabei unverändert auf das Wissensspiel und kommen daher mit der Überzeugung in die Geschäftswelt, eine Karriere sei nur möglich, wenn wir unseren Stoff im Schlaf beherrschen. Wir besorgen Informationen, sammeln Anekdoten, tun alles, was zur Erledigung der Aufgabe getan werden muss.

Vor einer Präsentation prüfen wir lieber einmal zu viel, ob wir wirklich alle Daten beisammenhaben, dann betreten wir den Konferenzraum beladen mit Leuchtstiften, Jahresberichten und Computerausdrucken, viel zu gut vorbereitet, viel zu gut informiert.
Wenn Sie meinen, alles über Ihr Thema zu wissen, brauchen Sie keine Angst zu haben, dass Sie sich blamieren. Aber das hat einen Haken: Niemand weiß alles. Irgendwann stellt ein Kollege Ihnen eine Frage, die Sie nicht beantworten können. Und spätestens dann bekommen Sie das Gefühl, eine Hochstaplerin zu sein.
Es ist das furchtbare, vernichtende Gefühl, das die Intelligenten und Fleißigen heimsucht: Erfolg ist zufällig. Das Hochstapler-Syndrom lässt uns in ewiger Furcht leben, dass man uns auf die Schliche kommt, unsere Mängel enthüllt, dass wir gedemütigt, demontiert, entlassen werden. Manche Frauen, die unter diesem Hochstapler-Syndrom leiden, verbringen ebenso viel Zeit mit dem Nachdenken, wie sie ihre befürchtete Demaskierung überleben sollen, wie mit der Erledigung ihrer eigentlichen Arbeit.
So können sie sich hervorragend davon überzeugen, dass sie alle Risiken meiden müssen, denn jeder Schritt auf unbekanntes Terrain birgt die Gefahr der Blamage.
Die Wahrheit aber ist: Wir *sind* Hochstaplerinnen. Wir alle, Männer wie Frauen. Niemand kann alle Informationen herunterspulen. Denken Sie einmal darüber nach: Weiß irgendjemand von uns wirklich alles über Kindererziehung? Nein. Aber das hindert uns nicht daran, unsere Kinder zu erziehen, und zwar sehr gut.
In der Arbeitswelt geht es nicht anders zu als im Leben. Männer wissen das. Sie bluffen, wann immer und wo im-

mer nötig. Sie bewegen sich von einem Ort zum nächsten, sammeln dabei möglichst viele Informationen, und je näher sie der Spitze kommen, umso mehr bauen sie auf Improvisation, Selbstsicherheit und die generelle Fähigkeit, aus Erfahrungen statt aus Bücherwissen zu schöpfen.
Für Neues im Beruf gibt es weder Netz noch doppelten Boden. Das ist aufreibend. Es ist auch der Weg, wie kreative Geschäftsideen entstehen.

Das Problem: Jede Beförderung und jeder Fortschritt geht mit dem Gefühl einher, dass Sie eine Hochstaplerin sind, die bald enttarnt wird.
Was Sie tun müssen: Akzeptieren Sie, dass niemand von sich behaupten kann, über ihr/sein Fach alles zu wissen, was es zu wissen gibt, nie bei einer Wissenslücke ertappt zu werden, keinesfalls von heute auf morgen durch jemanden ersetzbar zu sein, der/die begabter ist. Glauben Sie mir: Das gilt auch für alle Ihre Vorgesetzten.
Wichtiger ist, wie Sie mit sich selbst sprechen. Sagen Sie sich, dass Sie immer nur bluffen und von dem, worüber Sie reden, eigentlich keine Ahnung haben? Oder können Sie einräumen: »Damit kenne ich mich nicht aus, aber ich hätte meinen Job nicht, wenn ich nicht kompetent und beschlagen wäre. Statt mich also auf das zu konzentrieren, was ich nicht kann, werde ich mich auf das konzentrieren, was ich weiß, und alles Weitere nach und nach lernen.«
Stellen Sie sich vernünftige Fragen. Was sollte jemand in dieser Position wissen? Wissen Sie es? Nein? Wie lange werden Sie brauchen, um es zu lernen? Wusste Ihr Vorgänger in diesem Stadium mehr als Sie jetzt?

Als man mich vor siebzehn Jahren beauftragte, für CNN eine zentrale Booking-Abteilung zu gründen, hatte ich keine Ahnung, wie das aussehen könnte oder welche Hilfe ich dafür brauchen würde. Aber ich begriff sofort, dass der Leiter des Senders mir das aus zwei Gründen übertragen hatte. Erstens: Er hatte Vertrauen in mich. Statt mich also mit dem Gedanken zu martern, er habe die Falsche gewählt, ging ich die Aufgabe als Abenteuer an und sagte mir, dass ich im schlimmsten Fall an meine vorherige Stelle zurückkehren würde – und die hatte mir immer gut gefallen. Und zweitens: Der Präsident wusste, dass ich ihn nicht mit Fragen bestürmen würde. Ich würde einfach meine Arbeit machen.

Vorgesetzte delegieren Aufgaben an Sie, damit *Sie* eine Lösung finden. Wenn sie das selbst tun wollten, wären Sie überflüssig.

Ersetzen Sie Ihre Hochstapler-Gedanken durch mehr Selbstvertrauen. Selbstvertrauen ist das halbe Spiel. Wenn Sie überzeugt sind, dass Sie gewinnen werden, steigen Ihre Gewinnchancen. Das Umgekehrte gilt ebenso: Sind Sie überzeugt, dass Sie scheitern, sinken diese Chancen. Eines weiß ich: Wenn ich denke, dass ich den Ball verlieren werde, geschieht es oft auch.

9. Denken Sie konkret und kurzfristig

Situation: Das Unternehmen steckt in einer Krise, und allen wurde mehr Verantwortung übertragen.

Seine Strategie: Er geht davon aus, dass er tun kann, was

getan werden muss, und geht langsam und methodisch ans Werk.
Ihre Strategie: Sie fühlt sich überfordert und vertut wertvolle Zeit damit, sich Sorgen zu machen.

Jungen mögen Spiele, die direkt sind. Sie wollen von A nach B kommen und dabei gewinnen.
Mädchen mögen lieber Spiele, deren Verlauf offen ist. Ein Puppenhaus bietet zum Beispiel Dutzende von Optionen – wohin sollen die Wohnzimmermöbel, wo soll Papa sitzen, wäre das Baby gern im Garten? – und viele Aufgaben. Mädchen streben nicht gern geradewegs auf ein Ziel oder einen Endpunkt zu, sie ziehen das Spiel gern hinaus, erzählen Geschichten über die Bewohner jedes Zimmers, erfinden Beziehungen zwischen ihnen, persönliche Geschichten.
Im Großen und Ganzen finden Mädchen es umso interessanter, je komplizierter diese Spiele und je vielfältiger die Beziehungen zwischen den »Personen« werden.
Diese Spiele lehren uns, vieles gleichzeitig zu tun und gleichzeitig zu bedenken, und diese Fähigkeit wird Teil eines Frauenlebens. Wie in einem Puppenhaus müssen auch im richtigen Haushalt Tag für Tag zahllose Aufgaben erledigt werden.
Unglücklicherweise neigen Frauen dazu, dieses breit gefächerte Puppenhaus-/Haushalts-Spektrum auch im Beruf leben zu wollen. Das führt dazu, dass wir uns nicht nur um das neue, wichtige Projekt kümmern, sondern uns auch noch sorgen müssen, ob unser Sohn von dem Schulhofrüpel verprügelt wurde, unsere Mutter ihren Arzttermin eingehalten, unsere Tochter ihre Hausaufga-

ben erledigt und die Reinmachefrau das Gästebett neu bezogen hat. Dabei fällt uns ein, dass wir noch nichts für den Wochenendbesuch unserer Schwester eingekauft und auch die neuen Gardinen im Gästezimmer noch nicht aufgehängt haben.
Zu Hause werden wir, überfordert oder nicht, mit unseren Aufgaben fertig, weil klar ist, wann sie als erledigt gelten. Wir kümmern uns um ein weinendes Baby, indem wir es aufnehmen und beruhigen. Mit der Budgetplanung geht das leider nicht. Tabellenkalkulationen sind mit Rückenklopfen und einem Bäuerchen nicht zu beruhigen.
»Es ist zu viel«, sagen wir. »Damit werde ich nicht fertig. Ich gebe auf.«
Eine neuere Studie hat nicht nur ergeben, dass Managerinnen häufiger als Manager von sich sagen, sie seien »supergestresst«, sondern dass das für Frauen in allen Berufen und auf allen Hierarchieebenen zutrifft.

Das Problem: Sie fühlen sich von den Stapeln auf Ihrem Schreibtisch so überfordert, dass Sie sich nicht mehr konzentrieren können.
Was Sie tun müssen: Ich erinnere mich genau an die Geschichte, mit der ich eine Lösung für mein Gefühl der Überforderung fand. Sie handelt von dem englischen Läufer Roger Bannister, der, wie viele andere Sportler auch, in den fünfziger Jahren versuchte, als Erster die Meile unter vier Minuten zu laufen.
Sein Trainer wusste, dass Bannister die Viertelmeile in einer Minute, manchmal sogar etwas darunter, laufen konnte. Also dachte er sich einen raffinierten psycholo-

gischen Trick aus: Er lehrte Bannister, sich nicht mehr auf einen Lauf von einer Meile, sondern auf vier Sprints von jeweils einer Viertelmeile einzustellen und jeden dieser Sprints in einer Minute oder weniger zu laufen.
Bannister konnte die Aufgabe für sich neu formulieren und stellte einen neuen Rekord auf – dafür wurde er zwei Jahrzehnte später geadelt.
Wenn wir uns sagen, dass das höchste Ziel unerreichbar sei, kann uns das so lähmen, dass wir nicht sehen, welcher Weg von hier dorthin führen könnte. Aber nur wenige Projekte lassen sich nicht in kleinere, leichter zu bewältigende Teilabschnitte zerlegen, wodurch die Gesamtstrecke erheblich kürzer wirkt.
Der Kollege am anderen Ende des Flurs weiß das. Er kennt die Tricks. Er geht die erste Aufgabe an, die zu tun ist, konzentriert sich darauf, beendet sie, nimmt die nächste, konzentriert sich darauf, arbeitet sich durch und so weiter.
Männer können so arbeiten, weil das Gesamtbild sie nicht ablenkt. Wie wir schon sahen, haben Männer für alles im Leben Schubladen. Ihr Leben hat klare Rahmen, sie betreten ihr Büro und wissen genau – das ist mein Job, hierfür werde ich bezahlt. Männer stört es nicht, wie Rennpferde Scheuklappen tragen zu müssen, wenn sie sich so leichter auf das konzentrieren können, was erledigt werden muss.
Wenn jemand uns Scheuklappen anlegte, bekämen wir sofort einen Anfall, denn dann könnten wir nicht mit den anderen Pferden kommunizieren, wüssten nicht, welches Pferd gerade vorbeitrabt oder wer welches Futter bekommt. Aber Scheuklappen können nützlich sein. Sie

bringen Sie dahin, wohin Sie wollen – auf die Zielgerade. Die Arbeit einer Frau ist nie getan, sagt ein altes Sprichwort. Glauben Sie das nicht. Sie können Ihre Arbeit durchaus tun, wenn Sie sich immer eins nach dem anderen vornehmen.

10. Lamentieren Sie nicht

Situation: Zwei Tage vor der großen Präsentation ist die Arbeit noch nicht fertig.
Seine Strategie: Er lässt sich nicht anmerken, dass ihn das besorgt.
Ihre Strategie: Sie erzählt ihren Freundinnen, dass sie weiß, dass sie nicht fertig wird.

Ich kenne eine außerordentlich begabte Frau, die in einem großen Unternehmen arbeitete und von ihren Kolleginnen und Kollegen »unsere Ally McBeal« genannt wurde. Sie erzählte jedem, der zuhörte, von ihren Sorgen. Jeder Fehler, echt oder eingebildet, wurde Gegenstand langer Gespräche. Jeder selbstzerstörerische Gedanke wurde ausgesprochen. Jeder trübe Moment war Zunder für die Gerüchteküche.
Sie selbst fand nichts Schlimmes daran. Sie erklärte sogar, ihre Therapeutin (über die alle alles wussten) habe ihr geraten, so oft wie möglich über ihre Gefühle zu sprechen. Es war indes ein oft gehörter Satz, dass diese Therapeutin mit »unserer Ally« nicht das Büro teilen müsse. Die Kolleginnen und Kollegen, die das mussten, fanden ihre

unangebrachten Offenbarungen so belastend, dass sie immer mehr zum Paria wurde. Niemand wollte mit ihr an einem Projekt arbeiten, niemand wollte mit ihr eine Geschäftsreise machen. Jetzt geht es mit ihrer Karriere bergab, also macht sie sich mehr Sorgen und redet immer mehr.

Denken Sie daran: Männer tragen stets ihre Siegermiene. Selbst wenn es für sie gar nicht gut aussieht, versuchen sie immer noch auszusehen, als ob sie gerade gewinnen. Und wer weiß – vielleicht gewinnen sie auch.

Mädchen werden dazu erzogen, nett zu sein. Im Gegenzug wollen wir, dass alle und alles auch nett zu uns sind. Sind sie es nicht, lamentieren wir offen über alles und jedes – in welches Restaurant gehen wir mit dem wichtigen Kunden? Was ziehen wir für den Termin an? Könnte das die Beförderung bedeuten? Stimmt die Budgetplanung? Ist das Wetter gut?

Ich sage nicht, dass Männer sich keine Sorgen machen. Natürlich tun sie das. Aber sie wissen, dass man in einem harten Konkurrenzkampf seine Anspannung nicht zeigt – es sei denn, man hat gute Gründe dafür. Wenn der Ersatzspieler auf das Feld geschickt wird, um Schwung ins Spiel zu bringen, erzählt er seinen Mannschaftskollegen nicht, dass er eigentlich bei seiner Großmutter sein sollte, dass sein Fuß wehtut, dass er nicht gegen seinen Cousin in der gegnerischen Mannschaft antreten möchte.

Frauen neigen in allen Lebensbereichen stärker als Männer dazu, sich verletzlich zu zeigen; wir sollten schon als kleine Mädchen sagen, was los war, und bekamen Aufmerksamkeit, wenn wir über unsere Probleme sprachen.

»Tut das weh? Mami macht es wieder heil«, diese und ähnliche Sätze zählen zu den liebevollsten Worten unserer Kindheit.
Heute sorgen Sie sich nicht um Ihr aufgeschlagenes Knie, sondern um die Präsentation morgen. Sie sind sehr versucht, das Ihren Kollegen zu erzählen, und Sie erhoffen sich den Trost, den Sie als Kind bekamen: »Du machst das wunderbar. Alles wird gut.«
Aber der Kollege im Büro nebenan ist nicht Papi. Ihr innerer Aufruhr interessiert ihn nicht. Und Sie wollen auch nicht, dass er davon erfährt, denn das könnte er eines Tages gegen Sie wenden. Das mag unfair sein, aber so ist das Geschäftsleben.

Das Problem: Sie sind nervös und überfordert und wollen Ihre Probleme mit anderen besprechen.
Was Sie tun müssen: Lassen Sie das. Lamentieren Sie unter Ausschluss der Öffentlichkeit.
Aber wenn Sie absolut das Gefühl haben, sich einem Kollegen oder einer Kollegin anvertrauen zu müssen, suchen Sie sich eine vertrauenswürdige Person, die Ihre Ängste nicht später gegen Sie verwendet, und Ihnen hilft, sich auf das zu konzentrieren, was getan werden muss, statt darauf, was schief gelaufen ist.
Denken Sie daran: Wenn Sie unentwegt lamentieren, müssen Sie sich fragen, ob die Ursache der Probleme wirklich Ihre Arbeit ist – steckt vielleicht in Wirklichkeit ein persönliches Problem dahinter, das Sie mit Ihren Angehörigen oder Ihrem Freundeskreis nicht besprechen möchten?

Tipp: Wenn Sie Vorgesetzte sind, gehört es zu Ihren Aufgaben, die Kontrolle zu behalten. Das heißt nicht, dass Sie nicht zeigen dürften, dass Sie Fragen oder Probleme haben. Falls beispielsweise Ihre Abteilung die Umsatzvorgaben nicht erreichen wird, ist es Ihre Pflicht, Ihre Mitarbeiter davon zu informieren. Wenn Sie aber ständig erzählen, dass das Projekt sowieso scheitern muss, graben Sie damit entweder allen die Zuversicht ab und das Projekt wird tatsächlich scheitern, oder Ihre Mitarbeiter halten Sie für eine Schwarzseherin und hören Ihnen nicht mehr zu.

11. Richten Sie sich nach dem Teamchef

Situation: Acht Leute arbeiten unter der Leitung eines Teamchefs an einem Projekt.
Seine Strategie: Er arbeitet, so gut er kann, mit und erstattet dem Teamchef regelmäßig Bericht.
Ihre Strategie: Sie artikuliert immer noch Zweifel, obwohl das Projekt schon lange läuft, und versucht auf subtile Weise, es so zu machen, wie sie es für richtig hält.

Jill hatte in ihrer Firma als Assistentin angefangen und sich halb tot geschuftet, bis sie in der Geschäftsleitung angekommen war. Im letzten Herbst besuchte sie mit vielen Kollegen und Kolleginnen eine Industriemesse. Am Morgen des Gala-Empfangs ihrer Firma kam ihr Vorgesetzter zu ihr und sagte, er sei gerade mit der neuen PR-Koordinatorin die Planung für den Abend durchgegangen und das habe ihm alles nicht gefallen.

»Sie wissen doch, wie man eine richtig gute Party organisiert«, sagte er zu ihr. »Und Sie wissen auch, was mir gefällt. Machen Sie es.«

Jill konnte kaum antworten. Sie war eine Führungskraft und niemandes Assistentin. Ihr Kalender war randvoll mit wichtigen Terminen, und sie wusste genau, dass ihr Chef einen männlichen Kollegen nicht so herumkommandiert hätte. Außerdem mochte sie die neue PR-Koordinatorin, und sie wusste, dass es ihre Beziehung belasten würde, wenn sie nun deren Arbeit übernahm.

Was tat Jill? Sie sagte so viele Termine wie möglich ab, bat ihre Kollegen, die restlichen für sie zu übernehmen, und stürzte sich kopfüber in die Planung der besten Messeparty seit Firmengründung, obwohl sie dafür nur zehn Stunden Zeit hatte. Der Grund: Ihr Vorgesetzter war ihr Teamchef, und sie wusste, wie wichtig ihm diese Party war. Wenn sie die Aufgabe übernahm und gut machte, würde sie als Teammitglied künftig unverzichtbar sein. Und sie konnte beweisen, dass ihr Teamgeist wichtiger war als Selbstdarstellung.

Der Abend war großartig, und ihr Chef wusste ebenso wie das ganze Team, wem sie das zu verdanken hatten.

Leider ist diese Geschichte sehr ungewöhnlich. Allzu viele Frauen, die ich kenne, sind so sehr darauf bedacht, ihren schwer erkämpften beruflichen Status – oder das Territorium ihrer Freunde – zu schützen, dass sie darüber Teamwork vergessen.

Jungen lernen, dass man nur zu einer Mannschaft gehören kann, wenn man sich dem Mannschaftschef fügt und den Mund hält. Sie können sich mit dem Trainer streiten, wenn er das Spiel ansetzt. Sie können ihn auf Fehler auf-

merksam machen. Aber wenn das Spiel läuft, erfüllen sie die ihnen zugedachte Aufgabe, so gut sie können.
Weil Mädchenspiele so gruppenorientiert sind, fehlt Frauen die Übung, sich einem Mannschaftschef unterzuordnen. Unsere sozialen Kreise waren demokratisch, daher dachten wir, alle seien gleich.
Ein Beispiel: Vor kurzem rief ich eine Unterabteilung meiner Abteilung an, um eine vertrauliche Information über ein brandaktuelles Thema weiterzugeben. Der Abteilungsleiter war in Urlaub, und die Angestellte, die das Gespräch entgegennahm, war neu. Sie hatte keine Erfahrung mit Geschichten wie der, um die es ging, und schon gar keine Ahnung, wie man eine Gruppe leitet. Als ich sie bat, mich mit dem Verantwortlichen zu verbinden, sagte sie: »Hier ist niemand verantwortlich. Wir arbeiten als Team.«
Ich hatte keine Zeit, mich mit einer Gruppe zu unterhalten, und hängte auf. Ich beschloss, den Tipp nicht weiterzuleiten. Was, wenn die Information falsch war? Wer würde sie überprüfen? Wer das letzte O.K. geben? Wer wäre unser Ansprechpartner für ein mögliches Nachgespräch? Ein Team ohne Leiter ist kein Team.

Das Problem: Es fällt Ihnen schwer, sich einzufügen, weil der Beruf ein Mannschaftssport ist.
Was Sie tun müssen: Denken Sie daran, dass es bei Ihrer Arbeit nicht um Sie geht. Es geht um das Team. Befolgen Sie die Teamregeln:
Verlieren Sie beim Spiel nie aus dem Blick, worum es geht: Es ist nicht Ihr Job, beleidigt zu sein, weil eine bestimmte Aufgabe unter Ihrer Würde zu sein scheint. Wenn die

Situation augenblicklichen Einsatz erfordert, will niemand etwas über Ihre persönlichen Zweifel hören. Ihre individuellen Sorgen, so wichtig sie für Sie sein mögen, sind ein Nebenschauplatz. Das, worum es geht, ist, dass das Team Punkte holen muss. Sie wurden angestellt, weil Sie etwas zu dem Team beitragen können. Sie können sich also nicht mit Kinkerlitzchen aufhalten oder Ihre Energien darauf verschwenden, Leute nicht zu mögen oder Ihren eigenen Sorgen nachzuhängen.

Sie müssen die Leute in Ihrem Team nicht mögen, aber Sie müssen unverbrüchlich loyal ihnen gegenüber sein: Sehen Sie das leistungsschwächste Mitglied Ihres Teams nicht als persönlichen Affront, sondern als Problem, das gelöst werden muss. Ein Team ist nur so gut wie sein schwächstes Glied. Stärken Sie dieses Glied, und Sie stärken sich selbst.

Sie müssen nicht denken, Sie seien ein Roboter: Einzigartig, interessant, ungewöhnlich, anders – diese Worte beschreiben den Charme einer Frau. Sie machen uns für unsere Partner und die Welt anziehend. So mag der Gedanke nahe liegen, dass Sie unsichtbar werden, wenn Sie sich in ein Team einfügen. Keineswegs. Sie werden Ihre Talente sogar besser zur Geltung bringen können. Jedes einzelne Mitglied Ihres Teams bringt eigene, spezielle Fähigkeiten mit, und Sie werden die Ihren besser ausschöpfen können, wenn Sie die vielen Talente in Ihrem Umkreis nutzen.

Mäkeln Sie nicht an getroffenen Entscheidungen herum. Wir sahen es schon im dritten Kapitel – Machen Sie sich mit dem Spielfeld vertraut: Sobald ein Teambeschluss gefallen ist, geht es los. Es gibt keine Alternative namens

Unterbrechung oder *Bleibe stehen und überlege noch einmal* oder, noch schlimmer, *Mäkeln*. Ich habe diesen Fehler oft begangen und bin oft dafür getadelt worden. Die gängigste Situation: Mein Chef und ich wollen zum Mittagessen gehen, und nachdem wir beschlossen haben, wohin wir gehen, unterbreite ich jede Menge weiterer Alternativen – während mein Chef nur etwas essen möchte.

Wenn Sie möchten, dass Ihr Team Punkte holt, ist es nicht sinnvoll, mit weiteren Vorschlägen zu kommen. Wenn die Mannschaft geschlossen nach links läuft, ist das nicht der Moment für die Frage, ob rechtsherum nicht besser wäre.

Achten Sie auf Ihre Selbstgespräche: Schreiben Sie auf, was Ihnen an Ihrem Job nicht gefällt, und lesen Sie es sich laut vor. Ist alles ichbezogen? Ach, denken Sie jetzt vielleicht, bei mir doch nicht! Aber wir können auch auf Arten, die wir nicht immer gleich erkennen, sehr egoistisch sein.

Nehmen wir an, Sie haben einen inkompetenten Kollegen. Also haben Sie geschrieben: »Ich finde, XY ist ein Idiot.« »Er hört nie zu, wenn ich mit ihm rede.« »Er ist nicht halb so intelligent wie ich.« Sehen Sie den Egoismus in diesen Gedanken? Wir stecken so tief in unseren negativen Energien, sind so überzeugt, dass alles besser würde, wenn jemand uns nur zuhören würde, dass wir schließlich von einem Teammitglied, das nicht besonders helle ist, geradezu besessen sind.

Statt sich darüber aufzuregen, sollten Sie einspringen und helfen. Überlegen Sie, wie Sie positive Vorschläge machen können. Nutzen Sie Ihre kritischen Talente nicht nur zum Kritisieren, sondern um das Team zu verbessern. Suchen Sie nicht das Gespräch mit dem Teamchef, solange Sie nur kritisieren wollen. Haben Sie auch eine Lösung parat.

Lassen Sie sich vom Team helfen: Wenn unsere Teamkollegen uns frustrieren, und wir uns sagen: »Das kann ich allein besser und schneller«, begehen wir meist einen strategischen Fehler – und halsen uns zudem noch zu viel Arbeit auf.

So verführerisch es sein mag, Grenzen zu übertreten – tun Sie es nicht. Ein Verteidiger soll nicht stürmen, ein Torwart kein Tor schießen. Wenn Sie wirklich glauben, Sie könnten die Arbeit eines Kollegen (oder einer Kollegin) besser machen, gehen Sie zum Teamleiter und besprechen Sie das vertraulich.

Frauen neigen stark dazu, sich mehr aufzubürden, als sie müssen. Ich vermute, dass das etwas mit unserem Muttersein zu tun hat. Sie räumen das Geschirr doppelt so schnell weg wie Ihre Tochter, also bitten Sie sie erst gar nicht darum. Aber wenn Sie ihr nie die Möglichkeit zum Üben geben, selbst wenn sie länger dazu braucht, wie soll sie es lernen?

TATSACHE: Viele Frauen scheitern, weil sie keine Hilfe annehmen können. Man sieht sie abends um halb acht im Büro sitzen und die Arbeit von fünf Kollegen erledigen – die schon lange nach Hause gegangen sind. Fragt man sie danach, antworten sie, es sei zu mühevoll, das ihren Mitarbeitern beizubringen, und bis die es könnten, hätten sie den Job schon selbst erledigt.

Aber wenn Sie sich zu viel aufbürden, werden Sie unzufrieden, und Ihre Mitarbeiter lernen nichts. Schlimmer noch: Sie können nicht alles allein machen, und deswegen werden Sie früher oder später versagen. Schließlich ist das der Grund, warum Sie überhaupt Mitarbeiter haben.

Torpedieren Sie das Team nicht: Am schlechtesten spielen wir als Mannschaftsspielerin wohl, wenn wir völlig vergessen, dass wir einem Team angehören. Ja, Sie haben jeden Tag furchtbar viel zu tun – das Haus, die Beziehung, die Kinder, die Eltern und so weiter. Aber von Zeiten tiefster persönlicher Krisen abgesehen, konzentriert sich Ihre Aufmerksamkeit während der Arbeitszeit ausschließlich auf den Erfolg Ihres Teams. Ich behaupte nicht, dass Ihr übriges Leben nicht wichtig ist. Aber Sie werden nur erfolgreich sein, wenn Sie sich am Arbeitsplatz auf Ihre Arbeit konzentrieren.

Falls Sie wegen eines schwerwiegenden privaten Problems nicht arbeiten können, bitten Sie um Urlaub. Wenn Ihre Firma nicht flexibel genug ist, Ihnen im Fall einer persönlichen Krise entgegenzukommen, sind Sie möglicherweise am falschen Ort.

12. Übernehmen Sie keine Aufgabe ohne die entsprechenden Kompetenzen

Situation: Der Chef ist aufgebracht, weil eine wichtige Abteilung die Vorgaben nicht erfüllt.

Seine Strategie: Falls er sich zur Mitarbeit überreden lässt, sorgt er dafür, dass der Chef ihm die Kompetenzen überträgt, das Problem anzugehen.

Ihre Strategie: Sie bietet sofort ihre Hilfe an, und ihr

Angebot wird akzeptiert. Sie freut sich so sehr, dass ihr Chef so viel Vertrauen in sie setzt, dass sie nicht die nötigen Kompetenzen verlangt.

Erinnern Sie sich an Jill, die diese große Firmenparty organisierte, obwohl das nicht zu ihren Aufgaben als Führungskraft gehörte. Bevor sie ihre geplanten Termine absagte, ihre Kollegen bat, alle Gespräche für sie zu führen, die sie nicht absagen konnte, und sich in die Planung der besten Party der Firmengeschichte warf, sagte sie ihrem Vorgesetzten, sie brauche die Vollmacht, die Arbeit so machen zu können, wie sie es für richtig halte: so viel Geld auszugeben, wie sie ausgeben müsse, um die Leute zu engagieren, die sie engagieren müsse. Sie könne nicht bei jedem neuen Problem ihren Chef bitten, ihre Entscheidung abzusegnen, und es müsse allen, die an der Partyvorbereitung beteiligt seien, klar sein, dass Jill das Sagen hatte.
Ihr Chef war einverstanden – und ließ keinen Zweifel daran, dass sie dann auch allein verantwortlich sein würde, falls die Party ein Flop würde. Sie war clever genug, dies als Chance zu erkennen, denn sie wusste, dass sie im Falle eines Erfolges auch die Lorbeeren allein ernten würde.
Die Verantwortung für eine Aufgabe zu übernehmen, ohne auf die dazu nötigen Vollmachten zu pochen, gehört zu den größten Fehlern, die Frauen im Berufsleben machen.
Nehmen wir an, Ihr Boss sitzt in der Klemme – in der Marketingabteilung läuft vieles schief –, und er weiß, dass Jack, der zuständige Angestellte, seine Arbeit nicht

im Griff hat. Um eine Lösung zu finden, bestellt er den kleinen Kreis seiner engsten Mitarbeiter zu einer Besprechung, an deren Ende Sie anbieten, Jack zu helfen. Dafür erhalten Sie weder eine neue Position noch größere Kompetenzen, noch mehr Geld. Sie »helfen« ja nur.
Die meisten Männer wissen, dass zu jeder Position eine genau definierte Verantwortung gehört. Ein Torhüter bewacht das Tor, der Quarterback wirft den Ball. Es geht darum zu gewinnen, und jeder kümmert sich um seine eigene Aufgabe, damit das Team gewinnt.
Weil viele von uns – zu Recht – den Eindruck haben, dass unsere Verdienste nicht angemessen gewürdigt werden, verletzen wir diese Regel immer wieder. Wir übernehmen immer wieder neue Aufgaben, weil wir beweisen wollen, dass wir eine ganze Palette von Talenten haben, weil wir glauben, dass wir immer sympathisch sein müssen, immer bereit, alles zu tun.
Aber wer ohne entsprechende Vollmachten eine Aufgabe übernimmt, verschwendet nicht nur seine Zeit, sondern auch emotionale und intellektuelle Energie. Sie wollen eine Aufgabe in einem Bereich meistern, für dessen Angestellte Sie nicht weisungsbefugt sind. Daher wirken Sie nicht wie eine Problemlöserin, sondern wie ein Eindringling. Ihr Chef schwebt, unbefleckt und distanziert, über den Niederungen des Tumultes, während Sie mit aufgerollten Ärmeln mittendrin stehen und Angestellten Befehle erteilen, die Sie ablehnen. Diese Leute wissen weder, ob Sie eine ständige Bedrohung sein werden, noch welchen Status ihr bisheriger Vorgesetzter nun hat.
Das kann sich zur Katastrophe ausweiten. Sie haben die

letzten Worte Ihres Vorgesetzten im Ohr: »Denken Sie daran, was immer Sie sagen, Sie sagen es in meinem Namen.« Hilft Ihnen das jetzt?
Nein. Denn solange Ihnen der oberste Vorgesetzte nicht offiziell und öffentlich alle nötigen Kompetenzen übertragen hat, haben Sie sie nicht. Und Verantwortung ohne Kompetenz schafft Verwirrung, Unglück und Ärger.

Das Problem: Sie haben sich so oft dazu bereit erklärt, Ihrem Vorgesetzten zu helfen, dass Sie völlig überlastet sind und in Ihrem Unternehmen nicht mehr klar ist, wo die Kompetenzgrenzen verlaufen.
Was Sie tun müssen: Bieten Sie das nächste Mal Ihre Hilfe nicht an. Ersticken Sie diesen Impuls. Sie sind nicht da, um alles wieder gutzumachen, und Ihr Vorgesetzter weiß das.
Die Wahrheit ist nämlich, dass eine Frau stärker dazu neigt, dieses gefürchtete Aufgabe-ohne-Kompetenzen-Problem anzuzetteln als ihr Vorgesetzter. Er erwartet im Grunde nicht, dass wir sein Problem lösen – es sei denn, wir haben ihm das schon so oft angeboten, dass er unser Eingreifen inzwischen quasi voraussetzt.
Glauben Sie mir, ich weiß, wie schwierig es ist, keine Hilfe anzubieten. Ich muss mich immer noch zurückhalten. Aber inzwischen habe ich eines gelernt: Wenn ein männlicher Vorgesetzter sich über etwas beschwert, will er meist nur seinem Ärger Luft machen.
Sagen wir, er erzählt Ihnen, dass er mit Herrn Brecht aus der Buchhaltung nicht zufrieden ist. Er komme mit seinen Mitarbeitern nicht zurecht, die Fluktuation sei zu hoch. Wir sind darauf gedrillt, uns um alles zu kümmern,

also sagen wir nicht: »Ja, ich verstehe, das klingt schwierig«, sondern: »Ich habe einen guten Draht zu Herrn Brecht. Soll ich mal mit ihm reden?«
Nein, nein, nein. Ihr Vorgesetzter hat nicht erwartet, dass Sie aktiv werden. Er wird Ihr Angebot vermutlich nicht ablehnen – warum auch? Ihn kostet es nichts. Aber er hat nicht darum gebeten. Er wollte nur einmal jammern.
Bieten Sie Ihre Dienste nur an, wenn Sie sicher sind, dass die Aufgabe für Sie eine berufliche Chance bedeutet. Aber seien Sie sich darüber im Klaren, dass das heikel sein kann. Ich habe noch nie erlebt, dass eine Angestellte, die so eingesprungen ist, sich am Ende nicht ausgenutzt gefühlt hätte. Der Chef findet diese Hilfsbereitschaft zunehmend selbstverständlich, und wenn sie dann wütend auf ihn wird oder ihre Überlastung bemerkt, ist es schon zu spät. Statt also zum Liebling des Chefs zu werden und ihre Karrierechancen zu verbessern, bekommt das Verhältnis einen Knacks.

Spieltipp: Bei verschiedenen Gelegenheiten behandeln nahezu alle Männer nahezu alle Frauen, als seien sie ihre Untergebenen. Passen Sie auf. Wenn jemand bei einer Präsentation ein Glas Wasser braucht, können Sie es ihm bringen, aber vermeiden Sie den Eindruck, dass Sie *immer* für das Mineralwasser verantwortlich sind.
Ich kenne eine Managerin, die sagt, dass sie gern für Kunden Wasser oder Kaffee hole, weil sie dann nicht so arrogant wirke wie ihre männlichen Kollegen und die Betreffenden sie in freundlicher Erinnerung behielten. Sollten Sie aber Bedenken haben, dass Sie wie eine kleine Angestellte wirken könnten, empfehle ich Ihnen, den Kolle-

gen, der in der Nähe der Getränke sitzt, diskret darauf hinzuweisen, dass der Sprecher ein Glas Wasser braucht. Melden Sie sich auch nicht jedes Mal freiwillig, das Protokoll zu schreiben. Kein Gesetz schreibt vor, dass das von einer Frau gemacht werden muss. Falls Sie es einmal übernehmen, sollten Sie zugleich vorschlagen, dass diese Aufgabe künftig um den Tisch rotiert, und sich auch gleich notieren, wer als Nächster dran ist. Werden Sie aber nicht so dogmatisch, dass Sie unkooperativ oder defensiv wirken. Finden Sie eine Lösung, wie solche Aufgabe zur Pflicht aller wird.

13. Setzen Sie sich an den Tisch

Situation: Der Chef hat eine große Besprechung einberufen. Im Konferenzraum stehen zehn Stühle um den Tisch, zwanzig weitere an der Wand.
Seine Strategie: Er sitzt am Tisch.
Ihre Strategie: Sie sitzt an der Wand.

Stellen Sie sich folgende Szene vor: Eine Mannschaft ist im Trainingsspiel, plötzlich fällt ein Spieler aus. Von den vier Ersatzspielern bestürmt einer den Trainer, ihn spielen zu lassen, die anderen drei verstecken sich hintereinander.
Etwas Derartiges werden Sie nie erleben. Zum Spielen gehört zwingend, dass man jederzeit auf den Platz laufen kann. Wenn der Trainer Sie will, stehen Sie zur Verfügung. Sie sind immer präsent und einsatzbereit.

Die klassische Bürobesprechung findet in einem Konferenzraum statt. Dort gibt es offenbar grundsätzlich mehr Teilnehmer als Stühle am Tisch. Weitere Stühle stehen entweder an der Wand, hinten im Raum oder direkt hinter dem Thron des obersten Chefs.
Frauen wählen oft die abgelegeneren Plätze, weil wir meinen, die Tischplätze seien für den Chef und die Einflussreichen oder aber für all jene, die schlecht gelaunt wären, wenn sie anderswo sitzen müssten. Kurz gesagt, für die Männer.
Wir müssen endlich begreifen, dass wir am Tisch sitzen müssen, genau dort, wo die Bosse und Wichtigtuer sind, wenn wir als loyale und produktive Teamspieler gelten wollen.
Eine Frau am Tisch kann sich mit ganz anderem Nachdruck darstellen als eine, die am Ende des Raums neben dem Bücherregal sitzt. Egal, was Sie wissen und können, wenn Sie auf den billigen Plätzen sitzen, wirken Sie untergeordnet. Der Chef wird viel weniger geneigt sein, Sie um Ihre Meinung zu bitten, wenn er sich 180 Grad umdrehen muss, um Sie zu sehen, oder die Ohren spitzen muss, um Sie zu hören.

Das Problem: Ihnen ist nicht wohl dabei, am Tisch zu sitzen, besonders, wenn es nicht genug Stühle für alle gibt.
Was Sie tun müssen: Der Unterschied zwischen Ihnen und dem Kerl, der sich an Ihnen vorbei auf den besten Platz drängelte, ist Selbstvertrauen.
Männer lernen schon früh, dass sie an den Tisch gehören, und es macht ihnen gar nichts aus, um diesen Platz zu

kämpfen. Sichtbar sein ist der halbe Sieg. Wer nicht gesehen wird, kann nicht spielen.

Es darf nicht so weit kommen, dass Ihr mangelndes Selbstbewusstsein Ihre Karriere zerstört. Beobachten Sie sich genau: Finden Sie, dass nur die ganz wichtigen Männer am Tisch des Chefs sitzen dürfen? Denken Sie, dass Sie einem Intelligenteren den Platz wegnehmen? Was, wenn man Sie um Ihre Meinung bäte und dann alle sähen, dass Sie eine Hochstaplerin sind?

Um solch verletzende Gedanken zu meiden, tun Frauen oft, als sei es egal, wo sie sitzen. Viele Frauen haben mir gesagt, es lohne den Streit nicht, wenn es den Männern doch so wichtig sei. In diesem Punkt nachzugeben, wird zu einer Auszeichnung – wir haben es nicht nötig anzugeben.

Es geht nicht um Angabe. Es geht darum, Ihre Präsenz zu verdeutlichen – und Sie sollten jeden Tag absolut präsent zur Arbeit kommen.

Das heißt nicht, dass Sie sich bei einer wöchentlichen Konferenz einfach den nächstbesten Stuhl schnappen sollen. Es gibt Stammplätze, und wenn Sie einen davon besetzen, kann das als übles Machtspiel gedeutet werden. Aber Sie gehen zu vielen Besprechungen, bei denen es keine feste Sitzordnung gibt, Besprechungen, bei denen Ihr Wissen ebenso wichtig ist wie das aller anderen. Bei einer solchen Gelegenheit raffen Sie das nächste Mal Ihr ganzes Selbstvertrauen zusammen, gehen zum Tisch und setzen sich hin.

Spieltipp: Nehmen Sie auch im übertragenen Sinne bei jedem Aspekt Ihrer Arbeit einen Platz am Tisch ein.

Überlassen Sie beispielsweise bei einem Empfang Ihres Unternehmens die Kunden nicht Ihren männlichen Kollegen. Der Chef blickt ständig im Raum umher, um zu sehen, wer sich für die Firma engagiert, und wenn er Sie in einer Ecke im angeregten Plausch mit einer Freundin sieht, kostet Sie das Punkte.
Zeigen Sie überall, dass Sie da sind. Bei einem Vortrag mit einhundert Zuhörern sollten Sie sich beispielsweise in eine der ersten Reihen setzen. Wir betreten solche Vortragssäle, als besuchten wir die Hochzeit einer entfernten Verwandten und verdienten nichts Besseres als einen der hintersten Plätze. Gewöhnen Sie sich stattdessen an, sich nicht wie ein Zufallsgast, sondern wie ein enges Familienmitglied zu benehmen.
Wenn Sie in der ersten Reihe sitzen, bekommen Sie sowohl Kontakt zum Vortragenden wie zu seinem Thema. Wenn Sie am Rande sitzen, nehmen Sie auch den Inhalt nur am Rande wahr. In der ersten Reihe müssen Sie zuhören.
Zugleich gewöhnen Sie sich an das Rampenlicht. Wenn Ihre Kolleginnen und Kollegen Sie da vorne sitzen sehen, müssen sie ihr Bild von Ihnen überdenken.
Bedenken Sie: Wenn zwölf Stühle um den Konferenztisch stehen und bislang zwei davon Frauen gehörten, bedeutet das keineswegs, dass Sie einen dieser beiden Stühle haben müssen. Gehen Sie nicht in die Falle, nur um dafür zu kämpfen, was bereits als Platz, Job oder Titel für eine Frau gilt. Wir werden erst dann um jede Position im Team kämpfen, wenn wir davon überzeugt sind, dass wir jede Position haben können.

14. Lachen Sie

Situation: Es ist eine anstrengende Sitzung, die Atmosphäre ist angespannt. Dann erzählt einer der Männer einen Witz – er ist nicht besonders witzig, obendrein kennen ihn fast alle.
Seine Strategie: Er lacht.
Ihre Strategie: Sie lacht nicht.

Lachen Sie. Grinsen Sie. Lächeln Sie – egal, nur tun Sie etwas. Männer wissen schon lange, dass Humor in jeder Situation Spannungen lockert.
Es ist unser Pech, dass jene schlichten Witze, über die Männer sich rückenklopfend und schenkelschlagend schier totlachen können, nicht jene Art von Humor ist, die wir schätzen. Unser Humor basiert eher auf Beobachtungsgabe und Situationskomik. Wir ziehen einander auch nicht auf wie Männer – jedenfalls nicht als Kinder und Jugendliche. Wir lernen nicht einmal, wie man Witze erzählt. Eine inzwischen sehr erfolgreiche amerikanische Komödiantin hat mir erzählt, das größte Hindernis zu Beginn ihrer Karriere sei gewesen, dass Agenten ihr unverblümt sagten: »Frauen können keine Witze erzählen.« Denken Sie darüber nach. Wir glucksen eher über diesen komisch aussehenden Kerl, der bei dem Betriebsfest die Ehefrau des Chefs mit Beschlag belegt, als bei den Gelegenheiten, wenn wir etwas zu sagen haben und die Aufmerksamkeit aller auf uns ziehen möchten. Und spitzzüngige kleine Pointen kommen bei schwierigen Besprechungen im Büro nicht gut an.
Natürlich mögen auch viele Männer solche Männerwitze

nicht, aber die meisten können trotzdem einen erzählen, um die Atmosphäre etwas aufzulockern. Ich kenne nur wenige Frauen, die das können.
Das ist wirklich nicht ihre Schuld. Wir konzentrieren uns oft so sehr darauf, gut zu arbeiten, sind so damit beschäftigt, den Männern zu zeigen, dass wir unseren Job erledigen können, dass wir nicht gelassen genug sind, um etwas Unbeschwertheit einzubringen.
Wir verstehen auch nicht, dass es beim Witzeerzählen weniger um den Witz als vielmehr darum geht, Kameraderie zu erzeugen. Wenn Sie ein Interview mit einem ehemaligen Fußballspieler lesen, werden Sie bemerken, dass ihm nicht so sehr die Spiele und der Lärm der Fans fehlen – sondern das Gefühl von Zusammengehörigkeit und Freundschaft.

Das Problem: Die Männer im Büro finden, dass Frauen zu ehrgeizig, zu ernst sind, um einen Sinn für Humor zu haben.
Was Sie tun müssen: Nehmen Sie sich selbst nicht zu ernst.

Bei einem offiziellen Dinner sagte einmal John Riggins, ein ehemaliger und in den USA berühmter Footballspieler, zu Sandra Day O'Connor, Richterin am Obersten Bundesgericht: »Sandy-Baby, sei mal ein bisschen lockerer.« Dass Sie Witze nicht wie ein Mann erzählen können, bedeutet nicht, dass Sie nicht witzig und einnehmend sein können. Gut, Sie ernten kein röhrendes Gelächter. Aber Ihre Kollegen werden jedenfalls nicht lästern, dass Sie, wie alle Frauen, keinen Humor haben. Ich

glaube übrigens nicht, dass ein Mensch, der gar keinen Humor hat, es auf der Karriereleiter sehr weit bringen kann.
Ich konnte noch nie Witze erzählen und werde es nie können, aber wenn ich Leute zum Lachen bringe, kommt danach unweigerlich einer der Männer zu mir und sagt: »Ich wusste ja gar nicht, dass Sie so witzig sein können.« Sie sagen das, als sei ich eine bislang unentdeckte Spezies: Homo sapiens, witziges Weibchen.
Ein Kollege, mit dem ich seit Jahren zusammenarbeite, bemerkt jedes Mal, wenn ich ihn zum Lächeln bringe: »Jetzt warst du wieder witzig.« Inzwischen ist das selbst schon so etwas wie ein privater Scherz zwischen uns geworden. (Die Scherze können, wie gesagt, ganz bescheiden sein, solange Sie als »Insiderin« einbezogen sind.)
Sollten Sie wirklich überhaupt keine witzigen Geschichten erzählen können, sollten Sie klar signalisieren, dass Ihnen die Scherze Ihrer Kollegen gefallen. Manchmal heißt das, dass Sie über etwas lachen müssen, was Sie nicht besonders witzig finden. Falls Sie Kinder haben, sollten Sie daran denken, wie oft Sie über deren schreckliche Witze gelacht haben. Ich glaube, manche Schülerwitze habe ich tausendmal gehört. Trotzdem lache ich über sie, denn ich liebe meine Kinder und Enkelkinder und weiß, wie wichtig es ist, dass sie meine Anerkennung spüren.
Wenn Sie eine Spielverderberin sind, werden Leute sich in Ihrer Gegenwart unwohl fühlen. Dabei müssten Sie nur freundlich lächeln, wenn jemand Ihnen einen Witz erzählt, selbst wenn Sie ihn schon zum vierten Mal gehört haben.

Spieltipp: Schmutzige Witze sind für beide Geschlechter absolut tabu. Wenn wir versuchen, Witze auf Stammtischniveau zu erzählen, endet das meist damit, dass wir uns ebenso unwohl fühlen wie die Männer. Ich habe noch nie erlebt, dass eine Kollegin einen guten anzüglichen Witz erzählt hat. Das mag sich ändern, zurzeit aber ist es schwierig für eine Frau, überhaupt Witze zu erzählen, und geradezu ausgeschlossen, einen schmutzigen Witz zum Besten zu geben. Am Arbeitsplatz gibt es zu viele sexuelle Spannungen, zu viele Regeln, zu viele potentielle »heiße Eisen«. Und wenn meine Kollegen mich fragen, welche Themen sie bei Kolleginnen oder Kundinnen meiden sollen, die sie noch nicht gut kennen, lautet meine Antwort unweigerlich: Hütet euch vor allem, was im Entferntesten sexuelle Untertöne hat.

6
Sechs Dinge, die Männer im Beruf dürfen und Frauen nicht

Um jemand zu sein, muss eine Frau nicht mehr sein wie ein Mann, sondern wie eine Frau.
Dr. Sally E. Shaywitz, Ärztin und Schriftstellerin

In dem Musical *Annie Get Your Gun* singen Annie Oakley und ihr freundlicher Konkurrent Frank Butler ein Duett mit dem Titel: »Was du kannst, das kann ich viel besser.« Auf die Arbeitswelt bezogen, sollte das wohl eher lauten: »Alles, was du kannst, kann ich viel besser, mit harten Konsequenzen.«

Im Profisport treffen Frauen immer auf ein »UNERWÜNSCHT«-Schild. Wir dürfen Fans werden, wir dürfen Journalistinnen werden, wir dürfen sogar einen Laden besitzen, in dem wir Fan-Artikel verkaufen. Aber obwohl die Teilnahme von Frauen nur in wenigen Sportarten explizit verboten ist, hat man uns bislang noch nicht zum Mitspielen aufgefordert.

In der Arbeitswelt wurde das »UNERWÜNSCHT«-Schild vor einigen Jahrzehnten abgehängt, was allerdings nicht bedeutet, dass wir immer willkommen sind, wenn wir durch die Tür treten. Das sind wir nicht. Wie eine Frauenfußballmannschaft anders und härter kritisiert wird als eine Männermannschaft, werden wir in der Arbeitswelt ganz genau daraufhin beobachtet, ob das, was wir tun, zu dem passt, was Männer von Geschäftsleuten erwarten. Wir werden nicht mit unseren eigenen Maßstäben, sondern mit denen der Männer gemessen. Aus diesem Grund können sich Männer manches leisten, was wir uns nicht erlauben dürfen.

Das heißt nicht, dass wir nicht weinen sollen, weil wir nicht befördert wurden, dass wir kein Verhältnis mit unserem Kollegen haben oder unsere Sekretärin nicht anschreien dürften. Aber wenn wir weinen, ein Verhältnis haben oder losbrüllen, müssen wir mit anderen Konsequenzen rechnen als ein Mann. Wir werden einen hohen Preis zahlen, unser Platz im Spiel wird sich verändern, die anderen werden uns anders wahrnehmen.

Vor kurzem las ich einen Artikel über eine sehr einflussreiche Managerin. Als sie eine bestimmte Hierarchiestufe erreicht hatte, stand dort, habe sie den unmittelbaren Kollegen erzählt, dass sie in Tränen ausbreche, wenn sie verärgert oder verletzt sei. Punktum. Daran müssten sie sich einfach gewöhnen, und es sei ihr egal, ob ihnen das unangenehm sei. Sie wolle ihre spontanen Regungen nicht mehr ersticken müssen. Wenn die Tränen fließen, fließen sie eben.

Wie Sie im Folgenden erfahren werden, gehört Weinen zu den vielen Dingen, die bei Frauen und Männern unterschiedlich bewertet werden. Wenn Sie aber die Konsequenzen kennen und glauben, sie zu Ihrem Vorteil einsetzen zu können, lassen Sie sich unter keinen Umständen aufhalten: Zappeln Sie herum, heulen Sie, brüllen Sie, so viel Sie wollen.

1. Männer dürfen weinen. Sie nicht.

Als der ehemalige US-Senator von North Carolina Lauch Faircloth nicht wiedergewählt worden war, schimmerten bei der Pressekonferenz Tränen auf seinen Wangen. Die Medien bezeichneten dies als ergreifenden Beweis aufgewühlter Gefühle. Als die ehemalige Kongress-Abgeordnete und kurzzeitige Präsidentschaftskandidatin Pat Schroeder vor laufender Kamera weinte, grinsten die Männer. Eben eine Frau, sagten sie.

Männer dürfen ungestraft weinen, weil man es nicht erwartet. Männer glauben, dass die Mächtigen nie weinen. Tun sie es doch, müssen sie sehr gute Gründe haben.

Von Frauen erwartet man, dass sie weinen. Und wenn wir es tun, denken Männer entweder, dass wir einfach unseren Instinkten die Zügel schießen lassen oder, noch schlimmer, dass wir Tränen taktisch einsetzen, als Waffe, um ihnen Schuldgefühle zu machen.

Vor Jahren erzählte mir jemand von dem Angestellten eines konkurrierenden Medienkonzerns. Als ihm gekündigt wurde, marschierte er schnurstracks ins Büro seines Vorgesetzten und brach in Tränen aus. Er sagte seinem Chef, er könne das niemals seiner Frau gestehen, weil sie zu ihm aufsehe, er müsse seine Kinder aus der Privatschule nehmen, die Mitgliedschaft in seinem Tennisclub kündigen.

Und wie reagierte der Chef? Es war ihm furchtbar unangenehm – nicht, weil die Kündigung ein Fehler gewesen wäre (sie war lange überfällig), sondern weil er sich selbst in diese Lage versetzen konnte. »Er ist der Ernährer der Familie, genau wie ich«, dachte er. »Was wäre, wenn ich

in seiner Lage wäre? Würde ich auch so die Fassung verlieren?«
Der Chef rief die Personalabteilung an und gewährte dem Angestellten eine Abfindungszahlung von sechs Monatsgehältern.
Einen Monat später kündigte derselbe Chef einer Angestellten. Als sie in seinem Büro weinte, war ihm das so unangenehm, dass er sofort, nachdem sie gegangen war, zu einem Kollegen sagte: »Gut, dass sie geht. Es ist nicht zu fassen, sie bekommt vor meinen Augen einen Nervenzusammenbruch. Ich kann hier keine Leute brauchen, die ihre Gefühle nicht unter Kontrolle haben.«

2. Männer dürfen Affären haben. Sie nicht.

Eine Frau in einer großen Wirtschaftsprüfungsgesellschaft vertraute mir einmal an: »Ich war in dieser Firma nicht zuletzt deswegen so erfolgreich, weil es hier kaum attraktive Männer gibt. Ich war nie in Versuchung.«
Nicht unwichtig. Ich habe Frauen oft geraten, bei ihrer Jobsuche nach Firmen Ausschau zu halten, deren männliche Angestellte sie – generell gesprochen – unattraktiv finden (es sei denn, sie suchen explizit einen Ehemann).
In manchen Firmen knistert es vor sexueller Spannung, ob die Beschäftigten attraktiv sind oder nicht. Sie spüren es sofort, wenn Sie zum Vorstellungsgespräch durch die Eingangstür kommen. Sie sehen es an der Art, wie die Leute sich anschauen. Sie hören es an vielsagenden Bemerkungen.

Meiden Sie solche Orte. Dort werden Sie sich vermutlich in eine sexuelle Affäre verstricken, und wenn Sie das tun, verlieren Sie.

Männer fahren mit Sex im Büro meist besser als Frauen. Warum? Wenn die Verliebtheit vorüber ist und der Streit beginnt, überlegt der Stärkere, wie er den Schwächeren von der Bildfläche verschwinden lassen kann. Und da in der Regel der Mann am längeren Hebel sitzt, ist es am Ende meist die Frau, die gekündigt, versetzt, kaltgestellt wird. Ihm passiert gemeinhin wenig bis nichts.

Selbst wenn eine Frau ihr Verhältnis ohne Zurückstufung beendet, bleibt etwas an ihr hängen. Man wird sie danach anders wahrnehmen, wird sagen, sie verdanke ihren beruflichen Erfolg ihren sexuellen Talenten. Und ohne die Wertschätzung ihres Teams ist sie keine gesuchte Spielerin.

Das Schlimmste, was einem Mann (außer einer Kündigung) passieren kann, ist eine Anklage wegen sexueller Belästigung. Aber um dabei zu gewinnen, muss eine Frau beweisen, dass der Sex gegen ihren Willen stattfand, und das könnte nach einem zweijährigen Techtelmechtel schwierig werden.

Spielstudie: Vor nicht allzu langer Zeit verließ die Topmanagerin eines großen Ostküsten-Konzerns ihre Position und wechselte zu einem kleineren Unternehmen an der amerikanischen Westküste. Der offizielle Grund: Der neue Job bot ihr auf lange Sicht sehr große Gewinnmöglichkeiten. Der wahre Grund: Ihr Verhältnis mit dem verheirateten Vizepräsidenten war aufgeflogen. Da beide auf der gleichen Hierarchiestufe standen, hatte sie sich anfangs sicher gefühlt. Sie wusste, dass diese Beziehung nicht ewig dauern würde, und als sie zu Ende war, meinte sie, lückenlos zu ihrem vorherigen Leben zurückkehren zu können.

Doch sie hatte nicht mit dem Büroklatsch gerechnet. Auf ihrer Managementebene gab es drei Frauen und 25 Männer. Sie hatte es nur einer der beiden Frauen erzählt, aber irgendwie schienen alle Männer davon zu wissen. Ihr ehemaliger Liebhaber bestritt, jemandem davon erzählt zu haben, und es war im Grunde auch gleichgültig, ob er log. Der Schaden war angerichtet. Kam das Thema außerehelicher Sex auf, sahen alle Männer im Raum sie direkt an. Wenn jemand einen sexuellen Witz erzählte oder eine sexuelle Anzüglichkeit in der Luft lag, glaubte sie immer, das gelte ihr. Bei gesellschaftlichen Anlässen im Unternehmen machten sich viele dieser Kollegen an sie heran, als sei sie sexuell verfügbar.

Vielleicht war sie überempfindlich, vielleicht machten ihr diese Männer wirklich das Leben schwer. Sie wusste jedenfalls, dass sie sich zu unwohl fühlte, um ihre beruflichen Ziele erreichen zu können. Also ging sie.

3. Männer dürfen herumzappeln. Sie nicht.

Ein Freund, der in einem riesigen Software-Konzern arbeitet, erzählte mir folgende Geschichte: Er saß mit sieben weiteren Männern und einer Frau in einer Besprechung. Die Frau, ein aufsteigender Stern im Unternehmen, klopfte hin und wieder mit dem Fingernagel auf das

Glas ihrer Armbanduhr. Das machte ein lautes, scharfes Geräusch, und jedes Mal sah mindestens ein Mann zu ihr hinüber. Die Blicke waren nicht freundlich und bedeuteten, dass er diesen Moment lang nicht auf die Besprechung achtete, sondern auf sie.

Die Besprechung dauerte bereits eine Stunde, als einer der Männer, auch er ein viel versprechender Aufsteiger, anfing, mit den Fingern auf die Tischplatte zu trommeln. Das kannten alle Anwesenden bereits, sie wussten, was das bedeutete: Der Mann begann, sich zu langweilen. Weil er gut angesehen war, steckte seine Unruhe die anderen im Raum an, und die Besprechung endete kurz darauf.

Frauen zappeln herum. Wenn wir mit den Fingern trommeln, eine Haarsträhne drehen, die Jacke glatt streichen, geht das oft auf alte Angewohnheiten aus der Kindheit zurück und verrät meist Unsicherheit.

Ich selbst hatte die Angewohnheit, mir mit den Fingerkuppen die Nagelhaut zurückzuschieben. Dabei lagen meine Hände immer im Schoß, ich glaubte also, dass das niemand sehen könne. Aber vor einigen Jahren fragte mich ein Kollege recht unvermittelt, warum eine Managerin etwas derart Albernes tue. Ich hörte sofort damit auf. Ich war verblüfft, dass mich überhaupt jemand dabei beobachtet hatte.

Männer sehen die ärgerlichen kleinen Unarten von Frauen als genau das – ärgerliche kleine Unarten. Für sie verrät dies, dass Frauen sich unwohl, unsicher, nervös fühlen.

Aber wenn ein Mann trommelt, bedeutet das meist, dass er ungeduldig ist. Es ist also oft ein Machtspiel, ein nichtverbaler Hinweis, der besagt: »Ich langweile mich, darauf habe ich keine Lust mehr, jetzt reicht es.«

Wenn Sie das Spiel wie die Männer spielen wollen, müssen Sie alles vermeiden, was Sie in deren Augen herabsetzt. Sonst sorgen Sie dafür, dass Ihre Macht zerbröselt.

Spieltipp: Beim Erklimmen der Karriereleiter wird es Ihnen immer häufiger passieren, dass Sie auf den riesigen Sesseln Platz nehmen, die in den Büros von Präsidenten und Aufsichtsratsvorsitzenden stehen. Diese Möbel sind so groß, dass Sie sich vorkommen wie ein Kind. Ich habe einflussreiche Frauen gesehen, die sich in einen solchen Sessel setzten und sofort wie eine Zwölfjährige herumzuzappeln begannen.
Büromöbel sind leider für Männer gebaut. Die Hersteller haben keine andere Wahl, als diese Stühle und Sessel in Männergröße zu bauen. Das heißt, dass sie für uns meist unbequem sind. Wir können nicht völlig präsent sein, Hände vor uns, Rücken gerade, denn wenn die Stühle zu tief sind, die Tische zu hoch, und wenn man versucht, so lange herumzurutschen, bis man gut sitzt, wird irgendwann der Tisch zu niedrig, der Stuhl zu hoch. Es fällt nicht leicht, sich mächtig zu fühlen, wenn man mit den Füßen kaum auf den Boden kommt.
Lernen Sie, wie man in einer Männerwelt sitzt. Es ist seine Ausstattung, sein Mobiliar. Damit Sie aussehen, als beherrschten Sie den Raum, der Ihnen gehört, sollten Sie ein paar einfache Tricks probieren. Lassen Sie nicht zu, dass der Raum Sie beherrscht. Lehnen Sie sich nach vorn, sitzen Sie auf dem Rand des Stuhls, seien Sie präsent. Wenn Sie eine bequeme Stelle finden, bleiben Sie dort. Ehrlich gesagt habe ich Jahre gebraucht, bis ich wusste,

wie ich angenehm im Sessel an meinem Managerschreibtisch sitzen konnte.
Vielleicht haben wir eines Tages die Macht, unsere eigenen Möbel zu entwerfen. Es ist schwer vorstellbar, aber versuchen Sie sich den Tag vorzustellen, an dem Büromöbel für den Körper einer Frau gemacht werden und Männer herumzappeln müssen, um bequem zu sitzen.

4. Männer dürfen brüllen. Sie nicht.

Vor kurzem stritten sich in den Korridoren von CNN ein Manager und eine Managerin. Binnen zehn Minuten hatten mehrere Leute mir das erzählt, was bedeutete, dass die Geschichte sehr rasch im Betrieb die Runde machte. Ich weiß, dass sie sehr wütend wurde und ihn schließlich einen Wichser nannte. Und ich weiß auch, dass er sie mit einem ebenso üblen Wort beschimpfte.
Ich weiß nicht, was er sonst noch gesagt oder getan hat, denn die Erzählungen drehten sich ausnahmslos um sie. Diese Frau hatte ebenso laut und wütend gebrüllt wie ein Mann. Man war erstaunt.
Niemand staunt, wenn man hört, wie ein Mann laut wird, sieht, dass er seine Wut öffentlich zeigt, wie er rot wird und tobt. Man erwartet von Männern, dass sie schreien. Sie verbringen ihre Leben damit, einander anzuschreien. Wenn sie Spiele spielen, schreien sie ihre Gegner an, schreien ihre Mannschaftskollegen an, schreien ihre Zuschauer an. Sie schreien auch sich selbst an.
Frauen hingegen lernen, ihren Ärger zu bezähmen. Wenn

wir uns verletzt, ins Unrecht gesetzt, missverstanden fühlen, lernen wir, das zu internalisieren. Männer lernen, das nach außen zu wenden; sie beschuldigen was oder wer immer sie verärgert hat, nicht sich selbst. Neue Studien beweisen, dass die Selbstverletzung bei Frauen ständig zunimmt. Wenn Sie das zu den Zahlen von Bulimie und Magersucht hinzuzählen, sehen Sie, wie sehr wir unsere Wut nach innen richten.

Zeigt eine Frau allerdings ihre Wut, verunsichert das andere oft. Es macht ihnen Angst, sie finden sie schwierig, nicht *ladylike*. Sie tun, als hätten Frauen kein Recht zu schreien. Schließlich ist es ihre Rolle, Probleme in Beziehungen zu klären, zu vermitteln, Kompromisse zu machen.

Männer finden, dass es nicht zu einer Frau passt, Wut zu zeigen, und werten das folglich als Kontrollverlust. Es wird eigentlich immer als negativ empfunden.

Doch je mehr Macht ich bekam, umso klarer wurde mir, dass ein sorgsam dosiertes Maß an Schreien gelegentlich durchaus angemessen sein kann. Sie können nicht auf Dauer Menschen motivieren, die Fehler machen oder ihre Ziele nicht erreichen, wenn Sie Ihrer Enttäuschung nicht hin und wieder unmissverständlich Ausdruck verleihen. Es gibt einen Punkt, da erwarten Menschen geradezu, zur Ordnung gerufen zu werden, und es gibt auch den Punkt, wo sie sich nicht mehr richtig bemühen, wenn nicht Druck von außen kommt. Und dieser Druck ist oft der Zorn des Vorgesetzten.

Ich überlege sehr genau, wann ich meinen Ärger einsetze. Wenn eine Frau zu oft wütend wird, gilt sie schnell als Zicke. Wir sollten Zorn als Geheimwaffe sehen, die wir selten und dann strategisch einsetzen.

Niemand kann uns verwehren, auf jemanden wütend zu sein. Aber wenn das geschieht, müssen Sie tief durchatmen, überlegen, was Sie sagen wollen, und es dann beherrscht sagen. Auf diese Weise beweisen Sie gezügelte Macht statt Kontrollverlust.

Spieltipp: Wenn Sie wohl überlegt und aus gutem Grund wütend geworden sind und das auch geäußert haben, sollten Sie sich von Ihrem üblichen Harmoniebedürfnis nicht dazu verführen lassen, sich später zu entschuldigen. Wenn wir böse werden und unsere Kinder strafen, entschuldigen wir uns selten, wenn wir meinen, im Recht zu sein. Das gilt auch für die Arbeitswelt. Wenn die Wut echt ist, äußern Sie sie, räumen Sie sie aus dem Weg und lassen dann alles hinter sich. Schaden Sie sich nicht, indem Sie Bedauern äußern.

5. Männer dürfen schlechte Manieren haben. Sie nicht.

Als meine Tochter vierzehn Jahre alt war, schickte ich sie zu einem viertägigen Lehrgang in Auftreten und Umgangsformen. Einiges von dem, was sie dort lernte, war sicherlich unnötig – wie oft wird sie in ihrem Leben vor der englischen Königin knicksen müssen? Immerhin: Im Falle eines Falles kann sie jetzt auch das.
Hauptsächlich ging es natürlich um die Grundregeln des guten Benehmens, denn eine Frau, die sich nicht in jeder sozialen Situation korrekt zu benehmen weiß, ist im

Nachteil. Ein Mann muss nicht wissen, welchen Löffel er nehmen muss, wie er einen Rülpser vertuscht, wie er sich schriftlich bedankt. Wenn er einen Fehler begeht, wird ihm das nachgesehen, vor allem, wenn er Macht hat.

Vor einiger Zeit sah ich im Fernsehen einen Film, in dem zwei Brüder einen berühmten Scheidungsanwalt aufsuchen. Als man diesen Anwalt zum allerersten Mal sieht, zieht er sich vor seinen beiden Klienten um – aus dem verschwitzten Sportzeug in den Anzug, und das obendrein auf äußerst vulgäre Weise. Daran erkennt das Publikum, dass der Mann ein fabelhafter Anwalt sein muss, denn wer so schlechte Manieren hat, muss Talent haben.

Könnte sich eine Frau etwas Derartiges leisten? Das ist nahezu ausgeschlossen. Es gälte nicht als Machtbeweis, sondern als abstoßend. Er darf unhöflich, ungeschliffen, lüstern sein. Sie nicht.

Erinnern Sie sich, was eine Mannschaft nach einem Sieg tut – sie gehen feiern und lassen, na ja, die Sau raus. Der coolste Typ am Tisch ist, wer am meisten isst und trinkt und sich am schlechtesten benimmt. Wer still am Tisch sitzt, die Serviette auf dem Schoß, vorsichtig am Bier nippt und mit Messer und Gabel isst, gilt als Spielverderber.

An Frauen schätzt man ordentliche Hausarbeit, gute Manieren, eine schöne Handschrift. Wir gelten als »nett«, wenn wir gepflegt sind und uns gesittet benehmen. Männern, die zu gepflegt sind und sich zu gesittet benehmen, sagt man etwas anderes nach.

Ob wir mit den Spitzen der Regierung oder einem Beamten unserer Gemeinde zum Essen gehen, wir möchten uns nicht danebenbenehmen. Details sind wichtig. Wenn

wir etwas falsch machen, geraten unser Selbstbild, unsere Kompetenz, unsere Identität ins Wanken.
Sehr interessant an dem Kurs, den meine Tochter besuchte, war die Zusammensetzung der Teilnehmerinnen. Ich hatte Töchter aus der Oberschicht erwartet, und es waren auch einige da. Aber es waren auch vier erwachsene Frauen dabei – zwei Sekretärinnen, eine leitende Angestellte und eine junge Ärztin. Als ich sie fragte, warum sie hier seien, sagten die Sekretärinnen, sie müssten lernen, sich bei offiziellen und inoffiziellen Gelegenheiten korrekt zu verhalten, da ihre Chefs Männer der alten Schule seien. Die Ärztin berichtete, sie wisse, dass sie es im Krankenhaus mit schwierigen älteren Kollegen und heiklen Kompetenzfragen zu tun bekäme. Sie wolle also nichts falsch machen, um ihren Aufstieg in der Krankenhaushierachie nicht zu gefährden. Und die leitende Angestellte erzählte, die meisten ihrer Kollegen im mittleren Management hätten teure Colleges besucht oder stammten aus wohlhabenden Familien, sie wüssten folglich, wie man sich in einer privilegierten Welt benehme. Sie wolle sich ihre Beförderung nicht dadurch verscherzen, dass ihr das Wissen fehle, wie man eine Einladung zum Abendessen richtig organisiere.

6. Männer dürfen hässlich sein. Sie nicht.

Als meine Freundin Joan vor einiger Zeit bei einer Konferenz einen Vortrag hielt, sahen sie und einige andere Kolleginnen mit Amüsement auf dem Podium einen

Mann mittleren Alters, dessen Hose so kurz war, dass sie ein großes Stück bleiche Haut enthüllte. Obendrein waren die Socken so ausgeleiert, dass sie ihm über die Schuhe fielen, und die waren auch noch ausgelatscht.

Stellen Sie sich Joans Entsetzen vor, als sie auf dem Weg zum Podium bemerkte, dass sie eine Laufmasche hatte. Sie glaubte, dass das außer ihr niemand bemerkt habe, dennoch hetzte sie nach ihrem Vortrag ins Hotel, um sich umzuziehen. Und hörte im Aufzug eine Teilnehmerin eine andere fragen, ob ihr auch aufgefallen sei, dass die arme Vortragende eine riesige Laufmasche gehabt habe.

So, wie sich Männer ungestraft so manchen gesellschaftlichen Patzer leisten dürfen, bleibt meist auch ihr schlampiges Äußeres – fleckige Krawatte, abgerissene Knöpfe, zwei verschiedene Socken – von Kritik verschont. Eine Frau hingegen, so bedeutend sie sein mag, wird noch für die geringste Nachlässigkeit an ihrer Garderobe kritisiert. Es ist, als verrate noch der kleinste Mangel, dass sie es nicht besser weiß, dass es ihr gleichgültig ist, dass sie nicht auf Details achtet.

In Wahrheit verrät es nichts anderes, als dass sie eine Laufmasche hat. (Ehrlich gesagt sind Strümpfe und Strumpfhosen auf eine Art und Weise hergestellt, die es für jede Frau schwierig macht, ihr Berufsleben auf würdevolle Weise zu führen – doch das ist ein anderes Thema.) Aber mit uns ist man einfach nicht so nachsichtig.

Und am schlimmsten ist, dass nicht nur Männer uns so unnachsichtig beurteilen, sondern dass Frauen es untereinander auch tun (denken Sie an die beiden Frauen im Aufzug).

Spieltipp: Nicht nur unsere Kleidung, einfach alles wird genauestens gemustert: unser Stil, unser Gewicht, unser Atem.

Ich bezweifle beispielsweise, dass eine Frau mit Körper- oder Mundgeruch es weit bringen wird. Aber ich habe beruflich mit vielen Männern zu tun gehabt, die in beidem viel zu wünschen übrig ließen, und niemand hat darüber je eine Silbe verloren. Andererseits weiß ich aus sicherer Quelle, dass ein Unternehmen mittlerer Größe meinte, eine ihrer Managerinnen nicht befördern zu können, weil sie schlechten Atem habe. Offenbar wollte keiner auf ihrer Hierarchiestufe in ihren Arbeitsgruppen mitmachen oder ihre Konferenzen besuchen. (Ich vermute, sie litt unter einer Stoffwechselstörung, aber niemand wusste, wie man das mit ihr besprechen sollte.)

Was für den Atem gilt, gilt ebenso für das Gewicht. Obwohl sie in manchem durchaus dazugelernt haben, glauben Männer offenbar immer noch, dass jede Frau dünn sein will. Ist sie es nicht, sehen sie darin den Beweis, dass es ihr an Willensstärke fehlt, und fürchten, das könne sich auf ihre Arbeit übertragen.

Dicken Männern hingegen gelingt es oft, ihre Wampe als Zeichen von Wichtigkeit und Wohlbefinden zu präsentieren. Ein berühmter Hollywood-Produzent ist bemüht, mit seinem gewaltigen Körper (den er mit grellbunten, verknautschten Kleidern bedeckt) vorzuführen, dass er mächtig genug ist, nicht auf sein Aussehen achten zu müssen. Solange er wirklich das Sagen hat, funktioniert das sehr gut. (Ich bin aber sicher, dass er sich zusammenreißen wird, sobald sein Stern zu sinken beginnt.)

7
Er hört, sie hört: Zehn Wörter, die etwas anderes bedeuten, als Sie glauben

Zeige mir eine Frau, die keine Schuldgefühle hat, und ich zeige dir einen Mann.
ERICA JONG, SCHRIFTSTELLERIN UND FEMINISTIN

Ich habe für dieses Buch Männer wie Frauen interviewt, und bei diesen Gesprächen bemerkte ich, dass sie das Wort *Regeln* unterschiedlich interpretieren. Die Männer glaubten, dass ich ein Regelwerk schreibe, präzise Anweisungen, die Frauen befolgen sollten. Denn das sind Spielregeln für sie: Regeln.

Bevor ein Mann ein Spiel spielt, will er wissen: Wer kommt als Erster dran? Wie wird gezählt? Wie lange dauert es? Wenn er sich nicht als Rebell sieht und folglich alle Regeln brechen will, wird er sie strikt befolgen. Männer nehmen selten an, dass Regeln flexibel sind.

Für die Frauen, mit denen ich sprach, bedeuteten *Regeln* Richtlinien, Tipps, Vorschläge – wie für mich auch. Wenn Mädchen ein Spiel spielen, fragen sie eher: Kann meine Freundin mitspielen? Können wir das Spiel nicht ein bisschen länger machen? Ich muss für meine Mutter einkaufen gehen, kann ich in einer halben Stunde wiederkommen?

Frauen möchten zu den Regeln in Beziehung treten. Wenn es uns nötig scheint, überlegen wir, wie wir sie unserer momentanen Situation anpassen können. Schreibt die Regel beispielsweise fünf Spieler auf jeder Seite und eine Spieldauer von zweimal dreißig Minuten vor, dann erwägen wir, eine Pause für das Abendessen zu machen, den zweiten Teil auf den nächsten Tag zu verschieben, auf jeder Seite zwei weitere Leute aufzunehmen oder statt eines kleinen einen großen Ball zu nehmen. (Zehn Männer spielen eine Stunde lang. Ende.)

Um einem unerwarteten Vorkommnis gerecht zu werden, zu verhindern, dass eine Mitspielerin sich hintangesetzt fühlt, so viele wie möglich mitspielen zu lassen, sind wir gern bereit, die Regeln nach unseren Erfordernissen umzuschreiben.

Mehr noch: Kaum hatte ich meine Regeln niedergeschrieben, wusste ich, dass ich einige nochmals überdenken musste. Als ich das einem Kollegen erzählte, wirkte er entsetzt: »Du kannst doch deine Regeln nicht ändern, nur weil dir danach ist.« Das Wort *Regeln* bedeutet für Männer und Frauen etwas völlig anderes.

Über die Jahre sind mir zehn Wörter aufgefallen, die Männer und Frauen ganz verschieden verstehen. Sie sind:

1. Ja (Genau, was es bedeutet)

Vor einigen Jahren besuchte ich eine große, schlecht organisierte Sitzung, bei der mehrere Leute mit Nachdruck versuchten, ihre eigenen Beiträge durchzubekommen.

Am aufgeregtesten war vermutlich eine Frau, die eine Erhöhung ihres Abteilungsbudgets erreichen musste.
Sie kam bestens vorbereitet an, die Aktentasche prallvoll mit Unterlagen und einer langen Liste handgeschriebener Stichpunkte. Sie begann ihren Beitrag schwungvoll und hatte kaum eine Minute gesprochen, als ihr Vorgesetzter sie unterbrach: »Sie haben Recht, Sie bekommen die Erhöhung.«
Die Frau hielt kurz inne und fuhr dann mit ihrem Vortrag fort. Die Chef unterbrach erneut: »Ich sagte ja.«
Die Frau machte weiter.
»Ich sagte ja«, wiederholte der Chef – vergeblich. Die Frau redete weiter. Der Chef warf die Hände in die Luft. »Okay«, sagte er. »Ich habe es mir anders überlegt. Die Antwort ist nein. Würden Sie jetzt aufhören zu reden?«
Ich bin immer wieder überrascht, wie oft eine Frau in eine Besprechung kommt, etwas fordert, wovon sie glaubt, dass sie es nicht bekommen wird, eine Zusage bekommt – und es einfach nicht begreift.
Ja bedeutet *ja* – egal, wie viel Zeit und Kraft Sie investiert haben, sich auf ein *Nein* vorzubereiten.
Ich denke immer an eine Frau, die die äußerste Bestätigung erhält, die man sich vorstellen kann – »Ich liebe dich, willst du mich heiraten?« –, und die antwortet: »Meinst du das ernst? Bist du sicher? Habe ich dich unter Druck gesetzt, das zu sagen? Wann bist du dir über deine Gefühle klar geworden? Was an mir magst du am meisten?«
Warum tun wir das? Ein Grund ist, dass viele von uns als kleine Mädchen die Kunst der Manipulation erlernt ha-

ben. Wenn wir beispielsweise von Papi oder Mami die Erlaubnis haben wollten, mit einem neuen Jungen auszugehen oder eine Party am anderen Ende der Stadt zu besuchen, mussten wir das raffiniert und langfristig angehen und unsere Argumente immer wieder vorbringen, um die erhoffte Antwort zu bekommen.

Job ist nicht Familie. Wenn Sie kriegen, was Sie wollen, nehmen Sie es und halten Sie den Mund.

Ein weiterer komplizierender Faktor: Viele Frauen sind im Beruf ständig auf der Hut davor, herablassend behandelt zu werden. Wir wollen nicht, dass der Chef nur deswegen nachgibt, weil wir die einzige Frau der Gruppe sind und er keine andere Wahl hat, als zuzustimmen. Wir wollen, dass er unsere zwingenden, überzeugenden Argumente von Anfang bis Ende hört und einsieht, dass wir Recht haben. Wir wollen, dass er zustimmen *will*.

Auch hier geht es um eine Beziehungssache: Eine Frau sieht zwei Menschen, der Vorgesetzte und die Angestellte, und hofft auf eine Einigung, eine gemeinsame Einschätzung der Situation und nicht nur eine automatische Reaktion – selbst wenn diese zu ihren Gunsten ausfällt. Wir möchten Bestätigung. Männer wollen eine Zusage.

In der Schule mögen Sie jemanden dazu bekommen haben, Ihnen zuzustimmen, weil Sie nett waren, weil alle Sie mochten, weil Sie attraktiv waren. Wenn Sie in der Arbeitswelt ein *Ja* bekommen, dann nicht, weil die Leute Sie so reizend finden. Sondern weil Ihre Idee gut ist.

2. Nein (Nicht, was es bedeutet)

Wir sahen schon im 5. Kapitel »Sagen Sie, was Sie wollen« (und Wiederholung schadet nicht): Für Frauen ist »Nein« eines der furchtbarsten Wörter der gesamten Sprache. Als wir zehn Jahre alt waren, hörten wir »nein« und brachen augenblicklich in dramatische Tränen aus: »Wenn ich nicht bei Jennifer übernachten darf, will sie nie mehr meine Freundin sein!«

Ein Beispiel: Vor kurzem kam eine junge Frau weinend in mein Büro. Sie war gerade bei ihrem Chef gewesen. Sie wollte, dass er ihr neues Projekt genehmigte, er hatte gesagt, dies sei der falsche Zeitpunkt für eine solche Bitte. Mehr hatte er nicht gesagt – der falsche Zeitpunkt. Aber die Frau war völlig aufgelöst. Sie war überzeugt gewesen, dass ihre Idee gut war; jetzt wollte sie sie nie mehr erwähnen. Ihr Selbstbewusstsein war am Boden zerstört. Sie konnte nichts anderes denken, als dass ihre wochenlange Planung umsonst gewesen war.

»Moment mal«, sagte ich. »Er hat nur gesagt, dass es jetzt keinen Sinn hat. Er musste vielleicht an dreißig andere Sachen denken, und Ihr Projekt gehörte nicht dazu. Er hat nur gesagt, dass Sie an einem anderen Tag wiederkommen sollen.« Ich brauchte fast eine Stunde, um sie davon zu überzeugen.

Da wir »Nein« mit einer vernichtenden Niederlage gleichsetzen, stellen wir Fragen obendrein oft so, dass sie die erwartete Zurückweisung gleichsam vorwegnehmen: »Sie könnten nicht vielleicht einmal darüber nachdenken, ob ...« oder »Wenn Sie es mir zutrauen, könnte ich ...« oder »Gibt es auch nur die geringste Chance, dass ich ...?«

Erst vor einigen Tagen hörte ich, wie eine Frau nach einer Besprechung zu ihrem Chef ging und fragte: »Könnten Sie sich vielleicht vorstellen, also eigentlich bin ich ja nicht richtig qualifiziert und wahrscheinlich haben ja auch schon viele andere gefragt, aber gibt es eine Chance, dass ich bei dem neuen Projekt mitmachen kann?«
Als der Chef abschlug, nickte sie zustimmend. Es war, als stünden sie jetzt beide auf derselben Seite: Sie fanden beide, dass sie nicht die Richtige für den Job war.
Noch einmal: »Nein« bedeutet lediglich, dass Sie das, worum Sie gebeten haben – jetzt, von diesem Menschen, auf diese Weise – nicht bekommen. Es geht überhaupt nicht darum, ob Sie intelligent und begabt sind und letztlich Erfolg haben werden. Kommentar meines jüngsten Sohnes, Leiter eines Outsourcing-Unternehmens in Kalifornien: »›Nein‹ ist mein Lieblingswort. Es ist der Anfang einer strategischen Planung, wie ich meinen Chef oder Kunden so überzeugen kann, dass er schließlich doch ja sagt.«

3. Hoffen (Das schlechteste Wort im ganzen Spiel)

»Ich hoffe, dass alle, die dieses Buch lesen, davon profitieren.« »Ich hoffe, das Buch wird ein Erfolg.« »Ich hoffe, dass ich noch eines schreiben werde.«
Sollte ich jemals einen dieser Sätze laut sagen, erschießen Sie mich bitte.
Kaum ein Wort der Sprache macht so ohnmächtig wie das Wort »hoffen«. Warum? Weil wir uns mit diesem ei-

nen Wort vorspiegeln können, etwas zu tun, während wir in Wahrheit gar nichts tun.
Als kleine Mädchen lernen wir, wenn wir nur still dasitzen, lächeln, lieb und charmant sind, wird man uns die Welt in den Schoß legen, egal, ob es darum geht, vom attraktivsten Jungen der Schule zum Schulball eingeladen oder zur ersten Präsidentin der Vereinigten Staaten gewählt zu werden. Es ist, als seien wir alle Aschenbrödel, das auf die Fee wartet, die unsere Wünsche erfüllen wird.
Auch kleine Jungen träumen. Aber ihre Erziehung lehrt sie, dass Träumen nicht reicht. Selbst wenn er sich als Zwölfjähriger vorstellt, wie er für seine Mannschaft ein Tor schießt, übt er mit dem Ball. Er kickt jeden Tag, übt Dribbeln, stellt sich vor, wie es ist, wenn sein Fuß den Ball tritt.
In den Phantasiespielen kleiner Mädchen, den Geschichten, die sie lesen, der Art, wie sie sich mit ihren Freundinnen unterhalten, geht es immer darum, dass etwas mit ihnen geschieht, statt dass sie selbst etwas tun; sie sind eher passiv als aktiv.
Solche Verhaltensmuster sehe ich Tag für Tag im Büro und auf Reisen. Vor kurzem hielt ich in St. Louis einen Vortrag vor sehr vielen jungen Journalistinnen. Danach kamen zwanzig ambitionierte Frauen zu mir. Jede gab mir ihre Visitenkarte, jede sagte, dass sie von einem Job wie dem meinen träume. Ob es wohl eine Möglichkeit gebe ...?
Ich zeigte mein Interesse an den Karrierewünschen dieser Frauen. Ich sagte ihnen, sie sollten mir schreiben. Ich sagte ihnen, wenn es ihnen mit einer neuen Stelle wirklich Ernst sei, sollten sie strategisch vorgehen und sich

mit mir in Verbindung setzen. Dann flog ich nach Atlanta zurück und wusste aus Erfahrung, dass es sehr erstaunlich wäre, wenn ich auch nur von einer hören würde. Ich behielt Recht, keine schrieb.
Glaubten sie wirklich, es reicht, dass sie mir ihre Karte geben, damit ich sie von der Zeitung oder dem Fernsehsender, wo sie arbeiteten, wegholen und – Simsalabim – in eine Nachrichtenredakteurin verwandeln würde?
Wenn ein Mann mich wegen einer Stelle anbaggert, kann ich fast sicher sein, wieder von ihm zu hören. Und wenn nicht, dann nehme ich an, dass er etwas anderes gefunden hat.
Was brauchen wir Frauen, damit wir uns erlauben zu tun, statt zu hoffen? Das Wort, das wir benutzen müssten, lautet *wollen*, dieses Wort benutzen die Männer. Nicht »ich hoffe«, sondern »ich will«. »Ich will diesen Job.« »Ich will soundso viel verdienen.« »Ich will Managerin werden.«
Wenn Sie das, was Sie wollen, laut aussprechen, verleihen Sie Ihren Gedanken Kraft. Es ist der erste Schritt, um Ihren Plan Wirklichkeit werden zu lassen. Wie die Märchen, in denen sie vorkommen, sind Worte wie *hoffen* und *wünschen* voller Magie. Aber die Arbeitswelt und das Leben sind nicht magisch. Vor kurzem saß ich mit vier erfolgreichen Frauen auf einem Podium. Als ich sie nach ihrem Erfolgsrezept fragte, sagte jede: »Ich habe härter und besser gearbeitet als alle anderen.«
Erfolg entsteht nicht aus Hoffen, Wünschen und Beten, dass jemand Sie erfolgreich machen wird. Er entsteht, wenn Sie den Entschluss fassen, erfolgreich zu sein, und dann darangehen, das wahr zu machen.

4. Schuld (Das bedeutet Ärger)

Mein Wörterbuch definiert *guilt* – also Schuld – als das »schmerzliche Empfinden von Selbstvorwürfen, ausgelöst durch das Gefühl, etwas falsch gemacht zu haben«. Der Eintrag ist nicht bebildert – die nächstgelegene Illustration gehört zu dem Wort *Guillotine.* Aber gäbe es ein Bild, es könnte durchaus eine Angestellte zeigen.

Wir fühlen uns unentwegt so schuldig. Wir werden dazu erzogen, brave Mädchen zu sein, und dann lassen wir zu, dass wir zum Opfer unserer eigenen guten Absichten werden. Wir wollen Superfrauen sein, die alles können. Und wenn es uns nicht gelingt, sind wir völlig verzweifelt. Dann kommt es uns vor, als seien wir auf dem Weg zur Guillotine.

Schuldgefühle deprimieren nicht nur, sie verhindern auch, dass man überhaupt noch richtig funktioniert. Wie können Sie Ihr Ziel im Auge behalten, wenn Sie sich ständig wegen nichtiger Kleinigkeiten Vorwürfe machen? Da sitzen Sie in einer kurzfristig anberaumten Abendsitzung über den bevorstehenden Börsengang Ihres Unternehmens und können sich nicht auf die Diskussionen konzentrieren, weil Sie von schlechtem Gewissen zerfressen werden – Sie haben vergessen, Ihre Eltern anzurufen, Sie haben den Geburtstagskuchen nicht bestellt, Sie haben die versprochenen Anrufe wegen Ihres Klassentreffens nicht erledigt …

Vielleicht haben Sie tatsächlich einiges vergessen. Das tun wir alle. Vielleicht haben Sie tatsächlich einen Fehler gemacht. Das tun wir alle. Was ist schon dabei!

Ein Mann würde sich bei einer Besprechung selbst dann

nicht sorgen, wenn er versprochen hätte, auf dem Heimweg das Abendessen einzukaufen, und dazu nun keine Zeit mehr hat. Er weiß, dass seine Familie nicht verhungern wird, er weiß, dass unter dem Strich nur das Ergebnis zählt. Er lässt sich nicht von lauter Kleinigkeiten kirre machen. Warum soll er nicht dieses eine Mal Fastfood besorgen, wenn es nicht anders geht? Auf dem Sportplatz gibt es das Wort *Schuld* überhaupt nicht. Solange alle die Spielregeln befolgt haben, empfinden Männer keine Schuldgefühle, weil sie gewonnen oder die gegnerische Mannschaft überrannt haben. Sie konzentrieren sich auf das Spiel und sonst nichts.

Sie können nicht alles richtig machen. Das heißt aber nicht, dass Sie alles falsch machen. Haben Sie Nachsicht mit sich. Wenn Sie jedes Mal Schuldgefühle bekommen, wenn etwas im Leben nicht perfekt läuft, werden Sie unablässig Schuldgefühle haben.

5. Entschuldigung (Ein trübes Kapitel)

Ein Mann erzählt einer Kollegin, dass die Kaffeemaschine kaputt ist, er sein Handy nicht finden kann, die Handballmannschaft seines Sohnes ein wichtiges Spiel verloren hat, er seiner Sekretärin kündigen muss, sein Chef wütend auf ihn ist, das Ende der Welt bevorsteht.

Sie antwortet jedes Mal: Das tut mir Leid.

Die Wendung »das tut mir Leid« ist eine weibliche Sucht. Wir sagen es so oft und bei so vielen Gelegenheiten, um so viel damit auszudrücken, dass es eigentlich nichts be-

deutet. Wir sagen es so daher, es ist die Salatdekoration auf jedem Gespräch, ein verbaler Pausenfüller.
Ich kenne Frauen, die praktisch jeden Satz mit ›tut mir Leid‹ anfangen oder beenden: »Es tut mir Leid, dass ich das fragen muss, aber …«, »Es tut mir Leid, ich werde …«, oder »… und das tut mir wirklich Leid«. Es ist ein Versuch, Kontakt mit unserem Gegenüber aufzunehmen, obwohl diese Person uns in den meisten Fällen gar nicht wahrnimmt.
Wenn wir »tut mir Leid« sagen, meinen wir damit selten, dass wir etwas falsch gemacht haben. Wäre dies der Fall, würden wir die Entschuldigung nicht vor uns hin murmeln, sondern uns laut und deutlich dazu äußern, wie der Fehler passieren konnte, wie wir ihn beheben werden oder was wir tun wollen, damit er sich nicht wiederholt. Wenn ich etwas getan habe, das mir wirklich und wahrhaftig Leid tut, dann sage ich, dass ich es bereue, dass es mich belastet, dass ich mich entschuldige, aber niemals nur, dass es mir »Leid tut«.
Wenn ein Mann hört, dass Ihnen etwas »Leid tut«, schließt er daraus, dass Sie etwas falsch gemacht haben. Nehmen wir an, Ihr Vorgesetzter erzählt Ihnen, ein Kollege von Ihnen habe die Verhandlungen mit einem Kunden so schlecht geführt, dass die Firma den Vertrag nicht bekommen hat. Sie suchen fieberhaft nach etwas Tröstendem, das Sie sagen könnten, und was fällt Ihnen ein? »Das tut mir Leid.« Sie glauben, Sie seien damit nett. Er aber hört, dass Sie sich dafür entschuldigen, etwas falsch gemacht zu haben, und er fragt sich: »Warum tut ihr das Leid? Sie hat doch damit nichts zu tun – oder etwa doch?«

Zu sagen, dass Ihnen etwas Leid tut, hat nichts damit zu tun, ob Sie für das Pech eines anderen Mitgefühl empfinden können. Im Grunde ist das eine solche Floskel, es bedeutet fast, dass es Ihnen egal ist. Eine Frau, die so häufig »es tut mir Leid« sagt und wirklich tieftraurig wäre, könnte im Alltag nicht mehr funktionieren.

6. Aggressiv (Etwas anderes als selbstbewusst)

Hier eine gängige Szene: Eine wichtige Stelle ist zu besetzen. Bei einem Vorstellungsgespräch mit dem Chef prahlt ein Bewerber mit seinen Fähigkeiten, erklärt, warum er der beste Mann für den Job ist, und bedrängt den Chef, ihn zu nehmen. Nachdem der Bewerber gegangen ist, lobt der Chef ihn mit der Bemerkung, er sei aggressiv.

Eine Bewerberin kommt herein und prahlt auf ähnliche Weise, sagt, sie sei die beste Wahl, und drängt auf baldige Entscheidung. Der Chef findet sie dominierend, überheblich, schwierig. Nachdem sie gegangen ist, kritisiert der Chef sie mit der Bemerkung, sie sei aggressiv.

Aggressiv ist im Berufsleben ein vielschichtiges Wort: Nennt ein Mann einen anderen aggressiv, meint er, dass dieser forsch und energiegeladen ist, dass er siegen will, dass er die Durchsetzungskraft und die Fähigkeiten hat, sein Ziel zu erreichen. Benutzen Männer das Wort aber für Frauen, verändert es seine Bedeutung. Die Frau wird penetrant, zänkisch, dominierend.

Wird eine Frau *aggressiv* genannt, sind Feindseligkeit,

Hinterhältigkeit, Unhöflichkeit gemeint, und zwar von Frauen wie Männern. Es geht mehr um Egoismus als um Ego. Es geht darum, andere niederzubügeln, statt Kompromisse mit ihnen einzugehen.

Kurz gesagt: Die positiven Bedeutungen des Wortes beanspruchen Männer für sich, die negativen bleiben uns vorbehalten. Uns haben sie das Wort »selbstsicher« zugedacht, das dürfen wir sein, wenn wir weiterkommen wollen. Das ist allerdings kein echter Rivale für »aggressiv«.

Wenn Männer aggressiv sein müssen, um voranzukommen, warum dürfen wir es nicht auch? Wenn wir die positive Bedeutung des Wortes allein den Männern überlassen, berauben wir uns unserer möglichen Macht.

7. Kämpfen (Kein nettes Wort)

Jacob und Jeanne arbeiten seit Jahren im selben Unternehmen. Sie haben dort etwa zur gleichen Zeit angefangen, jetzt sind beide in der Geschäftsführung.

Wie alle erfolgreichen Karrieren war auch Jacobs Weg voller Aufs und Abs. Vor kurzem befand er sich wieder einmal in einer vertrackten Lage mit dem Vorstand, war aber sicher, dass er sie, wie mehrfach zuvor, meistern würde, bis ihm Jeanne in einem Moment, wo er es am wenigsten erwartete, in den Rücken fiel.

Warum? Die beiden hatten etwa zehn Jahre zuvor einen bitteren Kampf um eine Position ausgetragen. Jeanne hatte ihn sehr widerwillig geführt, Jacob war ganz offen-

sichtlich entschlossen gewesen, ihn bis zum Ende auszufechten, und hatte sich schließlich durchgesetzt.
Einmal besiegt, schien Jeanne einzulenken, und die früheren Widersacher kehrten friedlich zu ihrer Arbeit zurück. In Wahrheit aber hatte Jeanne ihre Rachepläne gegen Jacob nie aufgegeben. Zehn Jahre später hatte sie die Chance, es ihm endlich und endgültig heimzuzahlen.
Jacob hatte keine Ahnung, dass die Schlacht noch nicht geschlagen war.
Angriff. Krieg. Schlacht. Für einen Mann hat ein guter Kampf etwas – wie sollte man es sonst sagen? – Männliches, etwas Starkes, Würdevolles, etwas, das Regeln hat. Man zielt nicht unter die Gürtellinie. Man schießt den Gegner nicht in den Rücken. Man ohrfeigt einen Brillenträger nicht.
Männer kämpfen gern. Sie fangen mit dem Kämpfen an, wenn sie noch ganz klein sind, und sie kämpfen, bis jeder Kampfgeist in ihnen gebrochen ist. Männer kämpfen, wenn sie Fußball, Baseball, Basketball spielen, selbst wenn sie beim Eishockey Schlittschuhe und schwere Anzüge tragen. Eine Altenpflegerin hat mir erzählt, sie habe erlebt, dass in einem Altenheim zwei Achtzigjährige bei einem Streit über einen Schaukelstuhl auf der Veranda mit den Fäusten aufeinander losgegangen seien.
Frauen vermeiden Streitigkeiten um jeden Preis. Einige Male habe ich gesehen, dass kleine Mädchen sich herumknuffen, aber ich kann mich eigentlich nicht erinnern, je zwei Mädchen oder Frauen im richtigen Kampf gesehen zu haben. Ich erinnere mich auch nicht, jemals erlebt zu haben, dass zwei miteinander spielende Mädchen richtig zornig gestritten hätten. Hatte man verloren und war

wütend, war das Äußerste, beleidigt fortzustürmen. Und wirklich gemein war es, den Ball oder das Spielbrett mitzunehmen.

Aber handgreiflich werden? Kaum. Man könnte sich wehtun. Ein Junge mit einem blauen Auge sieht cool aus. Zu einem Mädchen passt das überhaupt nicht.

Da wir Kampf nicht als Sport begreifen, ist die Vorstellung eines fairen Kampfes für uns ein Widerspruch in sich. Einen Kampf sollte es gar nicht geben. Gibt es ihn doch, gelten keine Regeln mehr. Wenn eine Katze kämpft, um ihre Jungen zu retten, gibt es keine Grenzen. Sie tut, was sie kann, und wenn es sein muss, tötet sie auch.

Für einen Mann gehört Kampf zum Spiel. Einer gewinnt, einer verliert, und dann spendiert der Gewinner dem Verlierer ein Bier. Denn wenn man seinen Gegner vernichtet, hat man niemanden mehr, mit dem man spielen kann.

Wenn Sie das nächste Mal mit einem Kollegen Streit bekommen und möglicherweise schon den totalen Krieg planen, sollten Sie daran denken, dass es ihm nur um ein Scharmützel geht. Außerdem macht ihm das alles vermutlich viel mehr Spaß als Ihnen. Das sollte für Sie ein Grund mehr sein, die Angelegenheit schnell hinter sich zu bringen.

8. Spiel (Anderes Wort für: Spaß)

Vielleicht liegt es daran, dass *Spiel* im Zusammenhang mit Beziehungen ein so bedeutungsschweres Wort ist. Denken Sie nur an: »Ich habe mich von Joey getrennt. Ich mochte seine *Spiele* nicht mehr mitmachen.« Vielleicht liegt es daran, dass wir meinen, Spiele nicht ebenso gut zu beherrschen wie Männer. Vielleicht glauben wir, bei einem Spiel mit einem Mann immer verlieren zu müssen. Jedenfalls macht uns das Wort »Spiel« nervös.

Männer hingegen lächeln eher, wenn sie es hören. Das Wort bedeutet »Spaß«, und wenn sie ein Spiel spielen, gehen sie davon aus, dass sie siegen werden. Was soll man daran nicht mögen?

Hier ein Geheimnis der Männer: Wer nicht mit dem Herzen dabei ist, wird niemals Vorstandsvorsitzender. Wer nicht immer neue Wege findet, sich für seine Arbeit zu begeistern, verliert seinen Biss.

Darum haben die Männer aus der Arbeitswelt ein Spiel gemacht. So können sie sich ständig neue Spiele ausdenken, neue Strategien erfinden, ihren Gegner mit neuen Listen vom Platz fegen. So können sie arbeiten und dabei Spaß haben.

Ich erlebe das an meinem Arbeitsplatz bei meinen Bookern und Produzenten. Weil die wirklich Guten wissen, dass ihr Job auch Spiel ist, gehören echte Herausforderungen für sie zu ihren Aufgaben. Sie haben Spaß an Phantasien, wie sie das völlig Unmögliche hinbekommen könnten, sie engagieren die Leute, von denen niemand je geglaubt hätte, dass sie in einem privaten Sender auftreten.

Ihren Beruf als Spiel zu sehen ist der beste Weg, zwischen sich und Ihrem Job eine deutliche Grenze zu ziehen. Ich kenne viel zu viele Frauen, die sich von ihrem Chef zur Weißglut bringen lassen, gereizt auf eine neue Kollegin reagieren, wegen eines neuen Projektes von

Angstträumen gejagt werden. Sie schaffen es nie, das Büro hinter sich zu lassen, weil sie unaufhörlich in ihrem Unglück waten.

Machen Sie aus einer schwierigen Lage, in der Sie stecken, keine emotionale Krise. Wenn Sie einen Auftrag nicht bekommen oder nicht befördert werden, sollten Sie diese unglücklichen Energien auf etwas Konstruktiveres umlenken. Wie wäre es mit einer neuen Spieltaktik, die Sie zum Erfolg führen wird?

Vergessen Sie nicht, dass jedes Spiel nur eine bestimmte Zeit dauert. Wenn es vorbei ist, ist es vorbei. Was macht es schon, wenn Sie verloren haben? Wenn das nächste Spiel beginnt, sind wieder alle potentielle Sieger. Solange Sie sich den Kopf darüber zerbrechen, was beim letzten Auftrag schief lief, haben Sie den Kopf nicht frei für den nächsten.

9. Glasdecke (Nicht unser Wort, nicht ihres)

Eine Freundin erzählte mir folgende Geschichte aus ihrer Kindheit. Sie, ihr älterer Bruder und seine Freunde spielten oft Cowboy und Indianer oder Räuber und Gendarm. Sie war meist das einzige Mädchen. Wenn sie beim Spiel besonders gut war, rief ihr Bruder ihr zu: »Du darfst nicht in den verbotenen Bereich laufen.« Meine Freundin wusste nie, wo dieser verbotene Bereich war oder wie sie plötzlich hineingekommen war, aber er vermasselte ihr immer alle Gewinnchancen. Weil sie so froh war, dass die Buben sie mitspielen ließen, stellte sie die

Regeln nicht infrage; alles war besser, als allein zu spielen.
Jedes Mal, wenn ich heutzutage nach der »Glasdecke« gefragt werde, würde ich am liebsten rufen: »Es gibt gar keinen verbotenen Bereich!«
Könnte es nicht sein, dass diese »Glasdecke« – jene unsichtbare Schranke vor der Führungsspitze eines jeden Unternehmens, die Frauen nicht passieren können – bloß eine Erfindung von Männern ist? Halten wir es für wahr, weil in den höchsten Etagen keine Frauen sitzen? Könnte es nicht so sein, dass diese Schranke nur ein nahe liegender Ort zum Luftholen ist und wir noch nicht wissen, wie wir von dort aus weiterkommen?
Frauen haben schon viele solcher »Decken« durchbrochen, und jedes Mal schien sie sich einfach nur weiter nach oben zu verschieben.
Das Bild von der Glasdecke ist deswegen problematisch, weil sie Männern eine Rechtfertigung für ihr Versäumnis liefert, Frauen als Ebenbürtige zu behandeln. Haben Sie je ein Spiel mitgemacht, bei dem Ihr Gegner Ihnen sagte, Sie dürften nicht gewinnen, und Sie ihm das glaubten?
Es stimmt, dass viele von uns auf dem Weg nach oben an einem bestimmten Punkt angehalten werden. Aber dafür können wir nicht nur dieser Decke die Schuld geben. Es spielen viele komplexe Faktoren mit.
Erster Faktor: Wir sehnen uns nach einem ausbalancierten Leben. Wir fürchten, dass wir nicht mehr genug Zeit für unser Privatleben haben werden, wenn wir die Spitze der Karriereleiter erklimmen. Auch das ist ein Mythos. Viele Angestellte im mittleren Management arbeiten viel

mehr als die Unternehmensleiter. Am Gipfel ist die Balance weder größer noch kleiner als am Hang auf halber Höhe.
Zweiter Faktor: Weil wir zögern, jene Positionen zu besetzen, die zur Spitze führen, weil wir seltener die Entscheidungsträger sind und häufiger typische Frauenberufe haben, sitzen zu wenige von uns an jenen Positionen, die das traditionelle Sprungbrett zur Unternehmensleitung sind. Eine Untersuchung über die Karrierechancen von Amerikanerinnen kam zu dem Ergebnis: »Nur 6,8 Prozent des Führungsnachwuchses sind Frauen. Wollte man das wichtigste Hindernis für das Vorankommen von Frauen benennen, dann wäre es dies.« Mit anderen Worten, wir müssen uns stärker um diese Entscheidungs- und Nachwuchspositionen bemühen.
Dritter Faktor: Mangelndes Selbstvertrauen. Wir müssen immer daran denken, dass weder »ich kann« noch »ich kann nicht« wahre Äußerungen sind. Wenn Sie glauben, dass Sie können, dann können Sie. Wenn Sie glauben, dass Sie nicht können, können Sie nicht. Wenn Sie das Glasdecken-Argument übernehmen oder sicher sind, dass Sie nicht befördert werden, ist das eine »Ich kann nicht«-Äußerung. Sobald Sie sich aus der Welt des Möglichen in die Welt des Unmöglichen begeben, lassen Sie Ihre schlimmsten Befürchtungen wahr werden. Sie werden vorsichtiger, besorgter, angespannter. Statt voller Potentiale sind Sie voller Zweifel.
Warum wollen Sie einen Mythos am Leben halten, der impliziert, dass mit Ihnen gemacht wird, statt dass Sie selbst machen? Warum sagen Sie nicht einfach zu Ihren Kollegen und Kolleginnen, dass es gar keine Glasdecke

gibt und Sie vorhaben, das zu beweisen? Was, wenn Kolumbus geglaubt hätte, dass die Erde eine Scheibe ist? Eines Tages wird man von den Chefinnen der kapitalkräftigsten Unternehmen sagen: Was, wenn sie diesen Mythos von der Glasdecke geglaubt hätten?

Eine Anmerkung: Jeden Tag höre ich, dass wieder eine Frau ein Unternehmen verlassen und sich selbständig gemacht hat. Wenn man all die Schwierigkeiten von Frauen bedenkt, angefangen bei der Annahme, dass wir nicht so leicht vorankommen wie ein Mann bis zu dem Umstand, dass wir uns um unsere Familien kümmern müssen, verstehe ich einige der Gründe, die zu einer solchen Entscheidung führen, sehr gut.

Aber ich möchte Frauen bitten, sorgsam nachzudenken, bevor sie kündigen. Wer die Welt der Unternehmen verlässt, hat nicht mehr den gleichen Einfluss auf das »big business«. Das wiederum bedeutet, dass man nicht mehr den gleichen Einfluss auf die Welt hat. Wenn wir unsere Marktstrategien und unsere Produkte frauen- und familienfreundlicher machen wollen, müssen wir dort mitarbeiten, wo sie geplant und produziert werden. Es ist wichtig, dass wir an möglichst vielen Stellen Machtpositionen besetzen.

Diese Kündigungen helfen uns, die bleiben, nicht weiter. Sie verändern an den grundlegenden Strategien und Gepflogenheiten der Geschäftswelt nichts. Große Unternehmen prägen unser Leben. Sie produzieren die Unterhaltungsprogramme, die wir ablehnen, die Nahrungsmittel, die wir für ungesund halten, die Werbung, die wir erniedrigend finden. Je mehr wir bei den großen Entscheidungen mitwirken, umso eher wird es so laufen, wie wir es wollen.

10. Zukunft (Damals und heute)

Vor einigen Jahren nahm ich an der Programmsitzung einer gemeinnützigen Organisation teil, es ging um wichtige Entscheidungen über das künftige Vorgehen. Mir fiel auf, dass am Ende der Sitzung zwischen Männern und Frauen eine Kluft entstanden war, und ich fragte mich: »Woran denken wir eigentlich, wenn wir von ›der Zukunft‹ sprechen?«

Alle Männer sagten, das sei irgendwann im kommenden Jahr. Alle Frauen sagten, das sei in vielen Jahren. Ich war fasziniert.

Am nächsten Tag ging ich vor einer Besprechung meiner Abteilung im Sitzungssaal umher und fragte jeden der Anwesenden, was *Zukunft* für sie bzw. für ihn bedeute. Ohne Ausnahme sagten die Männer, sechs bis zwölf Monate, die Frauen zehn bis fünfzig Jahre.

Wenn Frauen an *Zukunft* denken, tun sie das in biologisch-menschlichen Begriffen. Zukunft ist, was über Jahre mit uns, unseren Kindern und Enkelkindern geschehen wird. Das Puppenhaus hört nicht auf zu existieren, nur weil Sie nicht mehr damit spielen. Wie die Frau in meinem Betriebswirtschaftsseminar, die das Mensch-ärgere-dich-nicht-Spiel so lang wie möglich ausdehnen wollte, sind die befriedigenden Spiele für Frauen die, die sich ewig weiterführen lassen.

Die Spiele der Männer sind zeitlich begrenzt. Wenn die Klingel ertönt oder der Sieger feststeht, ist es vorbei. Ende der Zukunft. Mit jedem neuen Spiel beginnt eine neue Zukunft.
Frauen können hervorragend konzeptionell denken. In Besprechungen stellen wir alle denkbaren Ergebnisse zur Diskussion, wir haben den Überblick, wir sehen alles. Wenn uns niemand bremst, können wir so viele unterschiedliche Optionen skizzieren, dass eine Entscheidung unmöglich wird. Auf diese Weise kann das Spiel ewig weitergehen.
So etwas kann die anwesenden Männer äußerst nervös machen, denn weder spielen sie unser Spiel noch wollen sie das. Wenn sie jetzt eine Entscheidung brauchen, möchten sie vermutlich nicht hören, was in fünf Jahren passieren könnte. Mit den Folgen können sie sich später befassen. Jetzt muss gehandelt werden.
Es ist nichts dagegen einzuwenden, bei *Zukunft* an die nächsten vier Jahrzehnte zu denken, solange Ihr Chef damit nicht die nächsten vier Wochen meint. Sie müssen Ihren konzeptionellen Rahmen nicht verändern. Aber bei Entscheidungen müssen Sie sich an die gleichen Zeitvorstellungen halten wie die Männer Ihrer Gruppe.

8
Wie Sie während des Spiels hinein- und hinausgehen

**Eine »Superfrau« ist für mich eine Frau,
die ihre Wohnung allein putzt.**
Bette Midler, Sängerin und Schauspielerin

Sie putzt das Haus, sie wäscht das Auto, sie liest ihren Kindern vor, sie bringt den Hund zum Tierarzt, sie versorgt ihre Mutter, sie kocht alle Mahlzeiten, sie joggt jede Woche fünfzehn Kilometer, sie leitet eine erfolgreiche Abteilung, sie hat ihre Mitarbeiter im Griff, sie hat ihre Ehe im Griff, sie hat ihren Haushalt im Griff. Sie schafft alles.

Nein. Tut sie nicht.

Wir dachten alle, wir müssten alles schaffen. Und einige von uns schaffen das meiste sehr gut. Aber ich habe immer noch nicht die Superfrau kennen gelernt, die alles perfekt kann. Irgendetwas fehlt immer.

Dieses »Etwas« sind normalerweise Sie selbst. Wenn Sie in Ihrem Leben allen alles geben, bleibt Ihnen selten Zeit, sich um sich selbst zu kümmern.

Nachdem nun mindestens eine Frauengeneration diese Lektionen gelernt hat, beginnen wir, unsere Grenzen realistischer zu definieren. Es ist nichts dagegen einzuwenden, dass Sie sich für bestimmte Zeit auf jeweils einen Aspekt Ihres Lebens konzentrieren. Vielleicht leben Sie allein, oder Sie sind verheiratet und kinderlos und möchten sich völlig Ihrem Beruf widmen. Prima. Vielleicht haben Sie beschlossen, einige Jahre auszusetzen, um Kinder zu bekommen. Auch prima. Damit steigen Sie nicht aus. Sie treffen nur eine bewusste Entscheidung.

Viele Frauen verspotten diese »Kinderpause«. Sie scheint zu bedeuten, dass man die Chance vertut, ins Team zurückzukehren, nachdem man wegen der Kinder das Tempo verlangsamt hat. Man muss sich zwischen Geschäftsführerin und Mami entscheiden, denn beides geht nicht.

Aber ich sage Ihnen, dass beides geht – selbst wenn Sie einige Jahre ausgestiegen sind. Ich kenne viele erfolgreiche Frauen, die ihre ganze Kraft in ihre Kinder gesteckt haben, solange diese klein waren, und dann in den Beruf zurückgekehrt sind, reifer und erfolgreicher denn je.

Mit anderen Worten: Am Spielbrett sind Sie mehr als einmal am Zug. Sie können mit Babypause ebenso gut Karriere machen wie ohne.

Und noch eine Überraschung: Sie lernen ungeheuer viel, wenn Sie die vielen Dinge erledigen, die unter dem bedeutungsschweren Wort *Haushaltspflichten* zusammengefasst werden.

Nehmen Sie nur mein Leben. Als ich jung war, arbeitete ich für drei Kongressabgeordnete, das waren wunderbare Jobs. Danach wechselte ich zur Rechtsabteilung des Weißen Hauses und arbeitete dort an der Ausarbeitung der Bürgerrechtsgesetze mit. Damals dachte ich, dass ich mein Leben lang in der Politik arbeiten würde.

Dann verliebte ich mich in einen Fernsehreporter des

Weißen Hauses, wir heirateten. Etwas später übertrug CBS ihm das Ressort Bürgerrechte. Als gute Ehefrau gab ich meine viel versprechende Stelle in Washington, D.C. auf und zog mit ihm nach Atlanta, wo sein neues Büro war.

Da ich in der Bürgerrechts-Abteilung des Weißen Hauses gearbeitet hatte, war mir das, worüber mein Mann berichtete, vertraut. Und weil ich sonst nichts zu tun hatte, begleitete ich ihn. CBS hatte damals strikte Vorschriften gegen die Beschäftigung von Verwandten, Ehepartnern usw., dort konnte ich folglich unter keinen Umständen arbeiten. Aber einer der ABC-Reporter wusste, was ich vorher gemacht hatte, und bot mir eine Stelle bei seinem Sender an. Ich nahm an, und plötzlich war ich beim Fernsehen.

Zwei Wochen vor dem Geburtstermin unseres ersten Kindes wurde mein Mann CBS-Korrespondenten in Moskau. Wieder entschied ich mich, dorthin zu gehen, wohin mein Mann ging. Und wieder gab mir CBS keinen eigenen Vertrag, obwohl ich schließlich de facto das dortige Büro leitete.

Drei Jahre später waren wir wieder in Atlanta, inzwischen mit zwei Söhnen. Ich arbeitete ein wenig bei ABC, dann wurde ich zum dritten Mal schwanger.

Von 1971 bis 1978 kümmerte ich mich um unsere Kinder, aber ich nahm Gelegenheitsjobs an, arbeitete ehrenamtlich bei vielen Organisationen und gründete eine kleine Consulting-Firma – mein Büro war buchstäblich unser Küchentisch. Zu CNN kam ich erst, als meine Freunde von ABC, die zu den ersten CNN-Nachrichtenmoderatoren zählten, mir eine Redakteurstelle anboten.

Zwischen zwei Ganztagsstellen lagen also zehn Jahre. Das bedeutete keineswegs, dass in dieser Zeit meine Intelligenz verrottete. Im Gegenteil: Ich sage Frauen immer, dass ich alles, was ich in der Arbeitswelt wissen muss, bei den Fahrgemeinschaften meiner Kinder gelernt habe.

Stellen Sie sich das vor: Wenn Sie sechs Kinder in einem Auto haben, lernen Sie verhandeln. Wenn jedes auf dem Rücksitz am Fenster sitzen möchte, müssen Sie Ihr Gehirn anstrengen, um eine Lösung zu finden – es sei denn, es macht Ihnen nichts aus, mit einer Horde tobender Sechsjähriger zur Schule zu fahren. Das wiederum hat Ähnlichkeit mit einer akuten Krise an Ihrem Arbeitsplatz, wenn alle um Sie herum gleichzeitig durchdrehen und beruhigt werden müssen.

Sie möchten, dass jemand für wenig Geld einmal die Woche Ihren Rasen mäht? Das sind Gehaltsverhandlungen. Sie brauchen eine zuverlässige Putzhilfe? Da geht es um die Fähigkeiten einer Personalabteilung. Jemand muss auf Ihre Kinder aufpassen? Da lernen Sie zu delegieren. Wer mit wenig Geld einen Haushalt bestreiten muss, lernt Budgetplanung. Gespräche mit einer Versicherungsgesellschaft nach einem Unfall bereiten Sie auf Finanzverhandlungen vor. Wenn Sie wissen, wie und wann Sie Dankschreiben verschicken müssen, wissen Sie auch, wie wichtig es ist, Ihren Mitarbeitern das Gefühl zu geben, dass Sie sie schätzen. Und binnen vier Stunden ein Abendessen für zwölf Gäste auf den Tisch zu bringen erfordert mindestens so viel Organisationstalent wie alles, was ich bisher bei CNN gemacht habe.

Diese Aufgaben ähneln nicht nur dem, was Sie im Büro

machen, sie müssen oft auch unter größerem Druck erledigt werden. Dahinter steht die verbreitete Meinung, dass man zur Führung eines Haushaltes keine besonderen Talente benötige. Die Gesellschaft hat diese Arbeit so gründlich herabgesetzt, dass wir selten anerkennen, welche handfesten Talente man dafür braucht.
(Nach einer neueren Studie müsste eine amerikanische Mutter, basierend auf dem amerikanischen Durchschnittseinkommen, für ihre Dienste als Köchin, Finanzdirektor, Psychologe und Busfahrerin ein Jahresgehalt von 508 000 US-Dollar beziehen.)
Sie müssen Ihr Leben nicht leben, als hätten Sie nur eine einzige Chance. Machen Sie, so viel Sie können oder wollen – und tun Sie es in Ihrem eigenen Tempo. Und vergessen Sie nicht: Wenn Sie alles zu tun versuchen, kann nicht alles perfekt sein.
Vor kurzem hielt ich einen Vortrag vor Frauen, vor denen ich fünf Jahre zuvor schon einmal gesprochen hatte. Am Ende erinnerte mich eine der Anwesenden, Jennifer, daran, dass sie mich nach diesem ersten Vortrag um einen persönlichen Rat gebeten hatte: Sie war damals beruflich sehr erfolgreich, hatte aber gerade ihr zweites Kind bekommen und wollte eigentlich Teilzeit arbeiten, um mehr zu Hause sein zu können.
Die Entscheidung war schwierig, weil Jennifer eine Konkurrentin hatte. Sie war sicher, dass diese kinderlose Frau ihren Job übernehmen würde, falls sie reduzierte. An diesem Abend erinnerte Jennifer mich daran, dass ich ihr damals gesagt hatte, sie könne jederzeit einen neuen Job bekommen, aber keine neuen Kinder. Ich hatte ihr auch gesagt, sie solle dem Job nicht nachtrauern. Es sei ihre ei-

gene Entscheidung, und sie könne stolz darauf sein. Niemand zwinge sie, ihren Arbeitsplatz zu räumen.
Jetzt erzählte sie mir, dass sie seit unserer letzten Begegnung Teilzeit gearbeitet habe und in Kürze wieder ganztags arbeiten werde. Die Lage hatte sich so gewendet, dass sie die Stelle jener Kollegin übernahm, die damals, wie Jennifer befürchtet hatte, tatsächlich befördert worden war. Jetzt aber erwartete diese Frau selbst ein Kind und wollte einige Jahre zu Hause bleiben.
Ich will nicht behaupten, dass jede Geschichte ein Happy End hat. Natürlich nicht. Aber es gab eine Zeit, als *keine* dieser Geschichten aus dem Berufsleben für Frauen gut ausgegangen wäre. Das ist ein guter Gradmesser dafür, dass sich etwas verändert.
Falls Sie sich für eine Babypause entscheiden, können Sie an deren Ende in den Beruf zurückkehren, den Sie lieben, und Sie können neue Möglichkeiten sehen, für Neues offen sein. Ich hatte nicht im Traum daran gedacht, beim Fernsehen zu arbeiten. Als ich es dann tat, merkte ich allerdings schnell, dass mich die Erfahrung in der Politik gut auf die neue Arbeit vorbereitet hatte – ich hatte gelernt, wie eine Politikerin zu denken. Wenn ich mit dem Kongress zu tun hatte, verstand ich alle Finessen, ohne nachfragen zu müssen.
Viele junge Frauen meinen, wenn sie eine Ganztagsstelle verlassen, werden alle Kolleginnen, die jetzt auf der gleichen Hierarchiestufe sind, schon weit aufgestiegen sein, wenn sie eines Tages wieder einsteigen. Das hat mit dem Zehnjahresplan zu tun (siehe 3. Kapitel: Verfolgen Sie das richtige Ziel). Wenn Sie glauben, dass alles zu einer langfristigen Strategie passen und jede Entscheidung ein

weiterer Schritt auf der Karriereleiter sein muss, übersehen Sie die wichtige Tatsache, dass Sie aus allem im Leben etwas lernen. Ein Seitensträßchen wird nur dann zur Einbahnstraße, wenn Sie vergessen, dass gerade die Nebenstraßen oft zu aufregenden neuen Orten führen.

Es gibt allerdings auch Zeiten, da wollen Sie nicht kündigen, weil Sie Kinder erziehen möchten, sich in jemanden verliebt haben, der weit entfernt wohnt, oder ihre gebrechlichen Eltern betreuen müssen. Manchmal wollen Sie einfach raus. Und manchmal geben die am Ruder Ihnen zu verstehen, dass sie Sie raushaben wollen.

Die Zeichen sind nicht zu übersehen: Man überträgt Ihnen keine guten Projekte mehr; wichtige Besprechungen finden ohne Sie statt; Ihr Vorgesetzter fragt Sie nicht mehr nach Ihrer Meinung; die begabten Kolleginnen sehen Sie nicht mehr als ihre Mentorin, sondern wenden sich an eine Jüngere.

Hier sind die inneren Anzeichen: Ihr Chef geht Ihnen gegen den Strich, Sie können den Feierabend kaum abwarten. Nach kurzer Zeit beginnt in Ihrem Kopf eine Schallplatte zu laufen, die nur aus folgenden Sätzen besteht: »Ich hasse das alles. Ich hasse diesen Job. Ich hasse meinen Beruf.«

Wenn Sie morgens mit solchen Gedanken aufwachen, müssen Sie etwas unternehmen.

Männer haben für solche Momente vorgeplant. So, wie sie sich eine Strategie ausdenken, ins Team hineinzukommen, überlegen sie sich auch eine, um es zu verlassen. Sie haben genug Spiele gespielt, um zu wissen, dass man bei jedem Zug die Zukunft im Blick behalten und auch bereit sein muss zu handeln, falls es nötig wird. In der Welt des Fernsehens sind es, kaum gerät ein Sender in Schwierigkeiten, offenbar immer die Männer, die ihre Bewerbungsunterlagen aus der Schublade ziehen, neue Kontakte knüpfen, die Headhunter anrufen. Sie sind von einer Minute zur nächsten bereit, sich zu verkaufen.

Sehen Sie das so: Männer und Frauen verhalten sich im Beruf wie in Beziehungen. Männer, die polygam orientiert sind, suchen immer eine Palette von Möglichkeiten, Frauen, die monogam orientiert sind, wollen lang andauernde Arbeitsverhältnisse. Wir können so sehr an unserem Arbeitgeber hängen, dass wir selbst dann nicht kündigen, wenn wir sehr unglücklich sind. Das gibt uns den Anschein, eine außerordentlich loyale Angestellte zu sein, es kann uns aber auch zu Opfern machen. Wir wollen bleiben und uns beweisen. Unterdessen fordern sie uns zu sehr und zahlen uns zu wenig. Wir sind unglücklich, wir sind gekränkt. Und rühren uns dennoch nicht von der Stelle.

Warum? Vielleicht, weil Risiken uns Angst machen.

Aber oft ist eine Kündigung die einzig richtige Entscheidung.

Und oft lohnt sie sich. Meine Freundin Jo litt jahrelang unter ihrer Stelle in der Telekommunikationsbranche. »Ich mache die ganze Arbeit, und mein Chef erntet alle Lorbeeren«, diese Platte läuft jeden Morgen auf dem Weg zur Arbeit und jeden Abend auf dem Weg nach Hause in ihrem Kopf ab. Sie wurde gut bezahlt, aber schlecht behandelt, und sie war verbittert.

Jo fasste Mut, betrat das Büro ihres Chefs und sagte ihm, sie habe eine neue Stelle gefunden. Dann ging sie zu einer neu gegründeten Firma, wo es ihr sehr gut gefiel – ein Jahr lang. Die Firma machte Pleite, und sie war ohne Job, stand wieder ganz am Anfang.

Oder? Ihre (und unsere) schlimmsten Phantasien waren wahr geworden; etwa so wie die verbreitete Meinung, dass Sie auf ewig allein bleiben werden, wenn Sie Ihren ungeliebten Ehemann oder Freund verlassen.

In Wahrheit aber hatte Jo binnen eines Monats eine neue Stelle – und ihr neuer Arbeitgeber nahm sie genau wegen ihres Wagemutes. Immerhin hatte sie ein großes Unternehmen verlassen, um bei einer ganz jungen Firma zu arbeiten. Und sie brachte alles mit, was sie in diesem harten ersten Firmenjahr gelernt hatte.

Sie hat etwas riskiert. Das Schlimmste passierte. Und doch gewann sie.

Gehen Sie, wenn Sie wissen, dass es Zeit ist. Aber tun Sie es auf kluge Weise. Denn wenn wir endlich zum Bruch bereit sind, handeln wir allzu oft impulsiv: »Das lasse ich mir nicht gefallen«, denken wir. »Ich mache sie fertig. Ich schmeiße ihnen den Kram hin, sollen sie doch sehen, wie sie zurechtkommen.«

Sie können nicht einfach vom Spielfeld rennen. Wenn ein kleiner Junge seine Mannschaft im Stich lässt, werden ihn die anderen Spieler so verachten, dass er seine Lektion lernt: Wenn du zur Mannschaft gehörst, bleibst du, bis der Moment zum Aufhören günstig ist. Wenn Sie Ihre Firma ausgerechnet in einer akuten Krise verlassen, werden Ihre Kollegen Sie für illoyal, nicht vertrauenswürdig, einen Drückeberger halten. Um einen solchen Ruf sollte man sich nicht bemühen.

Denken Sie sich stattdessen einen vernünftigen Plan aus.

Rufen Sie Ihre Kontakte an. Machen Sie Tests. Verschicken Sie Ihre Bewerbungsunterlagen. Sprechen Sie mit Headhuntern. Lesen Sie Stellenanzeigen – aber nicht ins Blaue hinein. Lesen Sie sie gezielt und antworten Sie, wenn Sie etwas Interessantes sehen. Wenn Sie eine neue Stelle haben, teilen Sie das Ihrem Chef höflich und intelligent mit. Sagen Sie ihm, dass Sie durch die Arbeit mit ihm viel gelernt haben, nun aber für Sie beide die Zeit gekommen sei, getrennte Wege zu gehen. Wenn Sie bei der Wahl Ihres Chefs klug waren (vergessen Sie nie: ein guter Chef ist wichtiger als eine gute Stelle), wird er die getroffene Entscheidung akzeptieren und nicht versuchen, Ihnen Schuldgefühle zu machen.

Denken Sie daran, dass Sie vermutlich nicht optimal arbeiten, wenn Sie unzufrieden sind. Sagen Sie sich, dass Sie der Firma einen Gefallen tun, wenn Sie elegant Ihren eigenen Rückzug inszenieren und so Ihrem Chef die Möglichkeit geben, jemand Neues zu holen, der/die Ihren bisherigen Job mit neuem Enthusiasmus angehen kann.

Ein guter Chef möchte wissen, wenn Sie unzufrieden sind. Ich selbst habe an alle meine Mitarbeiter eine Regel ausgegeben: Wenn ich nicht als Erste erfahre, dass sie unglücklich sind, bekommen sie Schwierigkeiten mit mir.

Ihr Abgang mag Ihnen riskant und unangenehm erscheinen, aber wenn Sie ihn gut planen, könnte es die unriskanteste Entscheidung Ihres Berufslebens sein. Sie werden davon ebenso profitieren wie Ihre Firma.

Spieltipp: Sie werden besser kündigen können, wenn Sie Ihre momentane Stelle nicht mehr als die große Karriere-

chance sehen – dadurch werden Sie nur umso frustrierter, je unzufriedener Sie sind. Sagen Sie sich, dass dieser Job nur der Mittel zum Zweck ist. Mit anderen Worten, hier verdienen Sie Ihr Gehalt.
Denken Sie: Das ist nicht die richtige Stelle für mich, aber ich muss meine Miete zahlen (oder für mein Studium sparen oder eine Krankenversicherung haben), also kann ich nicht einfach alles hinschmeißen.
Wenn Sie Ihren Job eher als finanzielles Arrangement und weniger als lebenslange Bindung sehen, verliert er an Gewicht und Bedeutung. So fällt es Ihnen leichter, zur Arbeit zu gehen und dann, irgendwann, zu kündigen.

1999 war für den US-amerikanischen Profisport ein großes Jahr. Jedenfalls war es ein großes Jahr für Sportler, die aufhören wollten. Michael Jordan, Wayne Gretzky, Cal Ripken jr. und John Elway zogen sich aus dem Basketball bzw. dem Eishockey, Baseball und Football zurück. Zwei von ihnen mögen sogar auf dem Höhepunkt ihrer Sportlerkarriere gewesen sein, aber das wäre das Thema eines anderen Buches.
Diese vier Männer hatten neben ihrer Größe auch gemeinsam, dass sie nicht hätten aufhören müssen. Keiner von ihnen war die Nummer eins in seiner Sparte, aber jeder spielte immer noch besser als die meisten anderen, sie erhielten riesige Gagen und machten ihre Fans geradezu absurd glücklich. Und doch begriff jeder der vier, dass es Zeit war zu gehen.
Es gibt selten einen guten Grund, weiter auszuharren, wenn Sie nicht mehr Ihr bestes Spiel spielen. Das gilt für

Baseball, Hockey, Football und Fußball, und es gilt auch für das Berufsleben.

Ihr Berufsleben verläuft in Abschnitten: Erst kommt die berauschende erste Stelle, an der Sie wie ein Kind im Spielzeugladen alles aufregend finden. Es folgt die Arbeitsplatz-Adoleszenz, Sie sind auf dem Weg nach oben, wissen aber noch nicht, wie weit Sie kommen werden. Sie werden erwachsen, Sie erreichen den Gipfel.

Dann merken Sie, dass es Sie Mühe kostet, ins Büro zu gehen, dass Sie sich nicht mehr darum reißen, an einem interessanten neuen Projekt mitzuarbeiten, Sie sich nicht mehr beweisen mögen, dass sich Ihre Interessen zunehmend auf Dinge außerhalb Ihres Berufs richten. Sie sind kein junger Löwe mehr, der einer davonstürmenden Gazelle nachsetzt. Das Einzige, was Ihnen davonstürmt, ist die Zeit.

Wer von uns hat so viel Selbstkenntnis, dass sie weiß, wann das Spiel zu Ende geht? Und wer ist wirklich bereit, den Bruch zu vollziehen, wenn er unvermeidlich scheint? Sie wissen vielleicht, dass Michael Jordan sich in den letzten zehn Jahren vor allem darum gekümmert hat, sein finanzielles Haus zu bestellen (was, das sei eingeräumt, bei einem Jahreseinkommen von 50 Millionen US-Dollar nicht allzu schwer sein dürfte). Kümmern Sie sich auch darum?

Bei den meisten Frauen lautet die Antwort »nein«. Die finanzielle Zukunft zu planen bedeutete für eine Frau bisher, dass sich unsere Ehemänner oder Partner darum kümmern, wie schon unsere Väter unseren Müttern Geld gaben. Und selbst wer nicht in einer Beziehung lebt, träumt davon, dass eines Tages der sprichwörtliche Prinz

heranpreschen und uns davor erretten wird, an Versicherungen, Investmentfonds, Altersversorgung und Hypotheken denken zu müssen.
Bitte! Prinzen sind – zusammen mit Hüfthaltern und hochtoupierten Haaren – auf immer verschwunden. Wenn Sie nicht sehr viel Glück haben, sind Sie für die finanzielle Absicherung Ihres Alters allein zuständig. Selbst wenn Sie (verheiratet oder nicht) in einer festen Beziehung leben, können Sie nicht sicher sein, dass dieser Mann sich auch noch um Sie kümmern wird, wenn Sie im Rentenalter sind. Warum wollen Sie ein Risiko eingehen?
Planen Sie das Spiel von Anfang bis Ende. Sorgen Sie dafür, dass Ihr Zuhause in Ordnung ist. Und bestellen Sie auch Ihr finanzielles Haus. Das dauert viele Jahre, und die Variablen verändern sich ständig.
Heute denken Sie vielleicht, dass Sie sich mit 60 zur Ruhe setzen werden, morgen denken Sie eher, dass Sie 70 oder 75 oder 80 sein werden. Sie können Ihre Meinung ständig ändern, aber Sie müssen sicher sein, dass Sie es sich leisten können, in den Ruhestand zu gehen, wenn die Zeit dazu gekommen ist.
Kaufen Sie eins der vielen Bücher über Finanzplanung. Sprechen Sie mit Freundinnen und Kolleginnen, die sich auskennen. Notieren Sie sich die Namen von entsprechenden Beratern und Beraterinnen. Keine Frau kann es sich leisten, die finanzielle Seite des Ruhestandes zu ignorieren.
Viele Frauen finden es ausgesprochen schwierig, sich diesem Aspekt ihres nachberuflichen Lebens zu stellen. Noch mehr Angst könnte allerdings der Gedanke an den

Verlust von Prestige und Status auslösen. Mit anderen Worten, Ihr Beruf ist nicht, wer Sie sind. Ihr Beruf ist, was Sie tun.

Sie finden das einfach? Nun, das ist es nicht. Männer sind schon lange im Berufsleben, und doch haben nur wenige das gelernt. Ich habe Hunderte von Männern erlebt, die mit ihrem Ruhestand fertig werden mussten, und selbst den klügsten, darunter mein eigener Vater, gelang es eigentlich nicht.

Über die Jahre habe ich begriffen, dass ich für die meisten Menschen nicht Gail Evans bin, sondern *Gail-Evans-Executive-Vice-President-of-*CNN. Ich existiere nicht ohne diese Silbenfolge nach meinem Eigennamen.

Manchmal falle selbst ich darauf herein. Ich verlasse mich inzwischen auf diese Wortschlange, um in einem begehrten Restaurant einen Tisch zu bekommen, die Gäste einer Party zu beeindrucken, Kontakte und Informationsquellen zu pflegen. Es funktioniert, wenn ich mich so darstelle: Plötzlich öffnen sich verschlossene Türen, Leute schenken mir Aufmerksamkeit. Ich kann nicht tun, als gefiele mir das nicht.

Bin ich mir wirklich darüber im Klaren, dass diese sieben aneinander gereihten Worte nicht sind, wer ich bin? Das werde ich erst wissen, wenn ich diese Position verlassen habe und nur noch Gail Evans bin.

Die Lösung dieses Problems sollte ein Geschenk sein, das Frauen der Arbeitswelt machen. Wir sagen oft, dass sich unsere Identität als Frau durch unsere Beziehungen definiert: bei unseren Kindern als Mutter, bei unserem unmittelbaren sozialen Umfeld als Freundin, bei unserem Partner als Geliebte. Ich habe allerdings festgestellt, dass wir in dem Maß, wie wir Macht bekommen, die Männer immer stärker darin imitieren, unsere Identität mit unserer beruflichen Position gleichzusetzen und andere Quellen des Selbstwertes, die Frauen traditionell hatten, aufzugeben.

Jetzt, da wir in der Geschäftswelt Erfolg haben und es möglich scheint, dass wir den Ruhestand ganz traditionell handhaben, tut sich eine neue Möglichkeit auf: Wir könnten die Regeln des Berufslebens, vor allem aber die Regeln für den Ruhestand umschreiben. Solange wir nicht vergessen, dass wir das Leben als Ganzes lieben, solange wir nicht glauben, dass wir nur so gut sind wie unsere berufliche Position, können wir die Pensionierung, selbst nach einer sehr erfolgreichen Karriere, zu einem großen Abenteuer machen. Statt uns beraubt zu fühlen, könnten wir den Ruhestand zu einer Zeit machen, in der wir andere Facetten unserer Persönlichkeit erproben: Wir könnten uns eine Teilzeitstelle suchen und junge Frauen fördern. Wir könnten uns wieder ganz unserer Familie zuwenden. Und vielleicht entdecken wir verborgene Talente und fangen einen ganz anderen Beruf an.

Wir sollten von unserem Wissen profitieren, dass wir unsere Karriere mit Kindern verbinden oder sie wegen der Kinder eine Zeit lang unterbrechen konnten, und so auch diese neue Phase unseres Lebens so gut gestalten wie irgend möglich. Warum sollten wir die vielen Talente, die wir als Frauen haben, nicht nutzen, um unseren Ruhestand ebenso produktiv zu machen wie unsere Jahre im Beruf?

9
Die beiden letzten Regeln

Frauen kennen sich seit jeher mit menschlichen Beziehungen aus – denn die so genannte weibliche Intuition ist nichts anderes. Daher haben sie zu allem, was Menschen tun, etwas Besonderes beizutragen.
MARGARET MEAD, ANTHROPOLOGIN

1. Seien Sie eine Frau

Vor kurzem habe ich mit einem Spieler der Baseballmannschaft Atlanta Braves zu Mittag gegessen (der Club gehört unserem Unternehmen). Wir hatten ein wunderbares Gespräch über alles Mögliche – seine Familie, seine Herkunft, seine und meine Träume für die Zukunft.
Einige Tage später sah ich mir mit einem der CNN-Sportreporter ein Spiel an. Als die Spieler auf das Feld gelaufen kamen, sagte ich: »Da kommt mein neuer Freund!« und erzählte dem Kollegen von unserem Mittagessen.
Er war verblüfft. »Machst du Witze?«, fragte er. »Über so etwas reden wir nie.« Dann setzte er mich ins Bild, wie

Männer miteinander und mit der Presse reden. Es war typisches Männer-Gerede: immer nur Fakten, immer nur Statements; keine Gefühle, keine Beziehung.

Später wurde mir klar, dass mein Gespräch mit dem Brave-Spieler so anders gewesen war, weil ich mir gestattet hatte, Frau zu sein. Ich tat nicht so, als sei ich ein Sportgenie, ich versuchte nicht, wie ein Mann zu reden. Ich fragte ihn, wie es seiner Familie mit dem Wechsel nach Atlanta gehe, wie seine Frau mit dem Umzug zurechtkomme, wie seinen Kindern die neue Schule gefalle. Ich versuchte, eine Beziehung zu ihm herzustellen.

Ich staune oft, wie persönlich Gespräche sein können, die Frauen mit Männern führen, mit denen sie beruflich zu tun haben, und ich bin ganz sicher, dass solche Gespräche die Arbeitsatmosphäre verbessern. Das heißt nicht, dass die Männer uns dann nicht mehr für fähig oder clever hielten. Es könnte aber sein, dass sie sich danach etwas sicherer fühlen. Sie begreifen, dass wir nicht nur Kolleginnen, sondern auch richtige Frauen sind, die sich aufrichtig für ihre Ehefrauen, ihre Familie und all jene Probleme interessieren, die Männer eben nicht mit Männern besprechen.

Alle klugen Frauen, die ich beruflich kenne, sind sich einig: Wenn Sie die fürsorgliche Seite Ihres Wesens nicht verschließen, können Sie zu den Männern, mit denen und für die Sie arbeiten, echte menschliche Beziehungen aufbauen. Als Folge werden sie Ihnen und Ihrer Meinung trauen, und das wiederum bedeutet, dass Sie leichter Gehör bei ihnen finden.

Ich intensiviere solche Beziehungen, indem ich mich völlig nach meinem Mutterinstinkt verhalte. Da ich Kinder liebe, habe ich in meinem Büro immer einige Kinderbücher, und darum kommen Angestellte, die an Wochenenden oder an Feiertagen arbeiten, oft mit ihren Kindern in mein Büro. Diese Seite meines Wesens trägt dazu bei, eine Kränkung zu lindern, wenn ich wenige Tage später die Eltern dieser Kinder anschreie. Wie jeder Chef bin auch ich hin und wieder irrational. Aber wie wütend können Sie auf Ihre rotgesichtige, tobende Chefin werden, wenn Sie sie zugleich mit Ihrer Tochter auf dem Schoß vor sich sehen?

Nutzen Sie all Ihre Anlagen. Nutzen Sie Ihre nicht konkurrente Lebenseinstellung so, dass sich alle Ihre Mitarbeiter als wichtige Spieler des Teams gewürdigt fühlen. Nutzen Sie Ihre sozialen Talente. Die Rezeptionistin hat eine neue Frisur, die Reinemachefrau ist aus dem Mutterschaftsurlaub zurück – zeigen Sie, dass Sie das bemerken. Menschen erinnern sich an Zuwendung und sind dankbar dafür, solange sie aufrichtig ist.

Und nutzen Sie vor allem Ihre Intuition. Männer verstehen wenig von Intuition – den Begriff »männliche Intuition« gibt es nicht. Wir hingegen wissen viel darüber, wir sind einfach viel intuitiver als Männer. Ich bezweifle allerdings, dass das angeboren ist. Vermutlich ist diese Intuition eine Folge unserer starken Beziehungsorientiertheit, der Aufmerksamkeit, mit der wir auf die Körper, Tonlagen, Gedanken anderer achten. Wenn das Baby nachts schreit, müssen wir wissen, ob es Schmerzen hat oder sich langweilt. Wenn unser Zehnjähriger sagt, dass er nie mehr zur Schule gehen will, müssen wir wissen, ob er nur heute schlecht drauf ist oder ob in seinem Leben etwas grundsätzlich verkehrt ist. Wenn unser Ältester in den letzten Wochen dreimal den Kotflügel leicht verbeult hat, wissen wir, dass er das vermutlich wieder tun wird. Wenn er also aus dem Haus geht und Sie »Sei vorsichtig« sagen, dann nicht, weil Sie eine Hellseherin wären, sondern weil Sie eine gute Beobachtungsgabe besitzen und ein Verhaltensmuster bemerkt haben.

Intuition ist die Fähigkeit wahrzunehmen, was in diesem Moment vorgeht. Es bedeutet, in jeder Situation auf die geringfügigste Nuance zu achten, zu wissen, wie verbale und nicht verbale Signale zu deuten sind, und auch die eigenen Signale zu kennen.

Es mag überraschend klingen, aber glauben Sie es mir: Es gibt nicht viele große Geheimnisse im Berufsleben. Die Gedanken der meisten Leute sind leicht zu erraten. Wenn Sie genau hinhören und hinsehen, verraten die meisten mehr über sich, als sie selbst wissen. Mit ihrer Körpersprache, Stimmlage, Wortwahl und durch unbewusste Hinweise verraten sie Ihnen alles, was Sie wissen müssen.

Intuition gehört zu den großen Aktivposten, die Frauen im Berufsleben haben. Sie nutzen sie, indem Sie einfach nur zuhören – nicht mit den Ohren, sondern sozusagen aus dem Bauch heraus.

Nutzen Sie also Ihre weibliche Intuition zu Ihrem Vorteil – wobei Sie sich darüber im Klaren sein müssen, wie das auf Ihre männlichen Kollegen wirken wird. Sie können einem Mitarbeiter, dessen Leistung nachlässt, im persönlichen Gespräch Mut machen, wenn Sie das jedoch im Beisein anderer tun, bringen Sie nicht nur ihn, sondern auch sich selbst in Verlegenheit.

Geschäftsbeziehungen sind vor allem Allianzen am Arbeitsplatz. Das bedeutet nicht, dass sie nicht aufrichtig wären, sondern lediglich, dass ihr Sinn vor allem der ist, die Arbeitsatmosphäre besser, profitabler und angenehmer zu gestalten.

2. Seien Sie Sie selbst

Wenn Schriftsteller eine interessante Frauengestalt schaffen wollen, machen sie sie zur Mächtigsten, Schönsten oder Hinterhältigsten. Sie wird Lady Macbeth, die Schöne Helena oder Becky Sharp.

Schriftstellerinnen hingegen statten ihre Heldinnen mit ganz anderen Eigenschaften aus: Denken Sie an Jane Austens Elizabeth Bennet, Virginia Woolfs Mrs. Ramsay oder Edith Wartons Lily Bart. Das sind Frauen, die wir Frauen bewundern, weil sie stark, integer und gradlinig sind.

Ich behaupte keineswegs, dass Frauen grundsätzlich ehrlicher sind als Männer. Solche Urteile können immer nur für den Einzelnen gelten. Aus soziobiologischer Sicht könnte es allerdings sein, dass Frauen mehr auf Integrität achten, weil der aufrichtigste Mann auch der ist, dessen Treueschwüre ehrlich sind und der deswegen der beste Partner ist. Vielleicht ist uns Integrität so wichtig, weil wir in dem Glauben aufgewachsen sind, dass sie die Grundlage einer jeden Beziehung ist, und Beziehungen sind schließlich das Fundament unserer Existenz. Vielleicht ist der hohe Wert, den wir der Integrität beimessen, sogar genetisch in uns verankert.

»Integrität« kann bedeuten, ganz und ungeteilt zu sein, komplett, unverletzt, unangetastet, gesund. Für mich bedeutet es, sich treu zu bleiben, überall, wo immer man gerade ist, man selbst zu sein – auch im Büro.
Die Frau, die ihr wahres Wesen zu ändern versucht, um in ein bestimmtes berufliches Umfeld zu passen, wird sich immer fehl am Platz fühlen – und sein. Sie gibt sich als Tigerin und ist in Wirklichkeit ein Schmusekätzchen, das geliebt werden möchte. Sie gibt eine Vorstellung, und sie weiß es. Aber sie leidet unter der Lüge, andere merken das, und bald weiß niemand – weder ihre Kollegen noch sie selbst –, wer sie wirklich ist.
Kein Maß an Vertuschen oder Verstecken vermag das wahre Ich eines Menschen zu verändern. Eine Frau, die sich selbst ständig neu erfindet, die versucht, eine andere zu sein, als sie wirklich ist, wird sich in ihrer Haut nie wohl fühlen – mehr noch: Sie wird sich nie und nirgends wohl fühlen.
Sagen wir, eine Frau hat einen interessanten Mann kennen gelernt und zerbricht sich vor der ersten Verabredung stundenlang den Kopf, wie sie sich darstellen soll. Kokett? Intellektuell? Karrierefrau? Heimchen am Herd? Für welche Rolle sie sich auch entscheiden mag, ich vermute, am Ende des Abends werden weder sie noch der betreffende Mann sich besonders wohl gefühlt haben.
Das Gleiche gilt für die Berufswelt. Wenn Sie Ihre ganze Kraft brauchen, um ein grandioses Bild von sich aufrechtzuerhalten, bleibt für Ihre Arbeit nicht viel.
Dennoch erschaffen sich viele Frauen ein *Alter Ego*, da ihr »wahres Ich«, wie sie mir sagen, nicht erfolgreich sein könnte. Ich bin sicher, dass auch das »Schein-Ich« nicht

erfolgreich sein wird. Glauben Sie wirklich, Sie werden sich wohl fühlen können, wenn Sie jeden Tag ein Phantasie-Ich basteln? Vielleicht ist das die Wahrheit hinter den vielen Geschichten von Managerinnen, die das Gefühl haben, sich nicht verwirklichen zu können, und deswegen ihr Unternehmen verlassen. Wer weiß, vielleicht haben viele von ihnen im Beruf nie ihr wahres Ich gezeigt. Wie angenehm kann es sein, sich tagein, tagaus wie eine Hochstaplerin zu fühlen?

Es existiert immer die Versuchung, sich vor sich selbst zu verstecken, an sich zu zweifeln, sich zu sagen: »Ich weiß eigentlich nicht, wer ich bin, also bin ich, was sich offenbar am besten verkauft.«

Aber andere spüren diese Täuschung. Wir wissen instinktiv, wer »echt« ist und wer nicht, so, wie wir das auch bei uns selbst spüren. Mitunter, wenn ich etwas offensichtlich Unaufrichtiges gesagt habe, stocke ich und denke: »Es darf nicht wahr sein, dass ich das gerade gesagt habe.«

Ich erinnere mich sehr gut an das erste Mal, als ich mir zugestand, ganz und gar ich selbst zu sein. Ein Dutzend männlicher Kollegen und ich sahen uns ein Videoband mit einer neuen CNN-Sendung an, die Frauen ansprechen sollte. Die Sendung drehte sich um den Alltag eines berühmten Models und zeigte sie als normale Frau, die ihr Kind zum Kindergarten bringt, Hausarbeit macht, im Supermarkt einkauft und so weiter.

Am Ende waren alle anwesenden Männer begeistert. Dann wandten sie sich zu mir.

»Was meinst du?«, fragten sie. Will heißen: »Was meint *Die Frau*?«

»Ich finde es entsetzlich«, sagte ich.

Sie glaubten, dass ich Spaß mache: »Ja, ja, und was meinst du wirklich?«
Ich wiederholte, was ich gesagt hatte: »Das kauft uns keine Frau ab.«
»Was müssen wir ändern?«, wollten sie wissen.
»Ich finde es von Anfang bis Ende entsetzlich«, sagte ich. »Es geht nicht darum, etwas zu ändern. Es ist einfach alles falsch.«
Normalerweise hätte ich Vorschläge gemacht, wie man die einzelnen Sequenzen verbessern und den Ablauf umstellen könnte, ich hätte die Sendung unter betriebswirtschaftlichen Aspekten analysiert. Aber dieses eine Mal hatte ich keine Lust, mich auf solche Männerdiskussionen einzulassen. Ich wusste, dass das Programm ein Flop sein würde, weil es unglaubwürdig war. Keine halbwegs intelligente Zuschauerin würde glauben, dass diese spektakuläre, privilegierte Frau sich mit den gleichen Alltagsproblemen herumschlagen musste wie sie selbst – ganz zu schweigen davon, dass sie in den Supermarkt geht und persönlich die Wochenendeinkäufe erledigt.
So erlaubte ich mir zum ersten Mal in meinem Berufsleben, ganz ich selbst zu sein, zu sagen, was ich wirklich dachte, bereit, mit den Konsequenzen zu leben.
Ich lernte daraus, dass ich deswegen nicht weniger geschätzt, seltener um meine Meinung gebeten oder gar gekündigt wurde. Ich musste mich nicht mehr verstellen. Ich war glaubwürdig genug, mich ehrlich und in meiner eigenen Sprache äußern zu können.

Sich selbst treu zu sein bedeutet nicht, dass Sie in der Männerwelt nicht vorankommen können und werden.

Sie müssen nur ein Ihnen angemessenes Gleichgewicht finden zwischen dem Menschen, der Sie sind, und der Umgebung, in der Sie arbeiten.
Es bedeutet auch nicht, dass Sie jeden Ratschlag dieses Buches sklavisch befolgen müssen. Sie müssen sich nicht selbst loben, Sie müssen sich nicht zu Wort melden, Sie müssen keine Mannschaftsspielerin sein. Selbstverständlich können Sie in einer Ecke oder einem abgelegenen Büro arbeiten, solange Sie nur genau wissen, was Sie tun. Wenn Sie Ihren ruhigen Job lieben, weil Sie kommen und gehen können, wie Sie wollen, reguläre Gehaltserhöhungen bekommen und viel Zeit für Ihr Privatleben haben – ausgezeichnet. Wenn Sie aber Vorstandsvorsitzende werden wollen, müssen Sie klappern.
In diesem Buch geht es um das sprichwörtliche Klappern, das zum Handwerk gehört, und es geht darum, Entscheidungen zu fällen. Behandeln Sie meine Ratschläge wie Kleider, die Sie anprobieren. Passen die Regeln? Stehen sie Ihnen? Entsprechen sie Ihrem Wesen?
Im letzten Jahr sah ich in dem Geschäft, in dem ich immer einkaufe, eine Kollektion von Kostümen in wunderschönen, kräftigen Farben. Sie hingen auf dem Ständer neben den Hosenanzügen in neutralen Farben, die ich normalerweise trage, und ich hatte sofort den Impuls, etwas in solch wunderbaren Farben zu kaufen. Aber dann dachte ich daran, wie heiß die Nachmittage in Atlanta sein können und dass ich zu einem Rock immer eine Strumpfhose tragen müsste.
Ich hätte mich gern als eine Frau gesehen, die leuchtende Farben trägt, aber als ich in den Spiegel blickte, wusste ich sofort, dass das gar nicht meinem Wesen entspricht.

Ich bin die Frau im grauen Hosenanzug – zumindest in dieser Phase meines Lebens.
Meine Tochter probiert ein Dutzend nahezu identischer weißer Blusen an, bis sie die eine findet, von der sie spürt, dass sie »zu ihr gehört«. Kein Außenstehender sieht einen Unterschied. Machen Sie es ebenso, wenn Sie meine Ratschläge anprobieren. Gefällt Ihnen Ihr Aussehen nicht, dann denken Sie daran, dass das vielen anderen Frauen auch so geht. Aber falls Sie die ganze Kollektion verwerfen, sollten Sie bedenken, dass Ihnen das in fünfzehn Jahren Leid tun könnte.

Selbst wenn Sie das Gefühl haben, in einem Unternehmen festzusitzen, in dem Sie sich nicht ganz wohl fühlen, können Sie versuchen, eine Stelle zu finden, an der Sie sich treu bleiben.
Warum gehen so viele von uns in Public Relations, den Personalbereich oder in Dienstleistungsberufe? Manche Feministinnen sagen, der Grund sei, dass Männer uns in typische Frauenberufe abschieben, Punktum. Ich hingegen glaube, eine Arbeit wie die in einer Personalabteilung lässt uns erleben, dass wir im Umgang mit Menschen etwas bewirken können. Wenn Sie vormittags einer allein erziehenden Mutter geholfen haben, eine Kinderkrippe zu finden, sodass sie nicht kündigen muss, und nachmittags einem unglücklichen jungen Sachbearbeiter eine bessere Stelle in einer anderen Abteilung vermitteln konnten, dann fühlen Sie sich sehr gut.
Wenn Sie sich auf dem Arbeitsmarkt umsehen, müssen Sie genau so für sich selbst denken. Nehmen wir an, Sie waren auf der Uni eine engagierte Umweltschützerin

und unterschrieben jetzt einen Vertrag bei einem Unternehmen, das im Ruf steht, einer der größten Umweltverschmutzer zu sein. Werden Sie dort glücklich sein? Oder wollen Sie eigentlich nur gut verdienen? Seien Sie ehrlich mit sich. Gegen solche Prioritäten ist nichts einzuwenden.

Vor kurzem führte ich ein Vorstellungsgespräch mit einer jungen Frau, die mir sagte, sie suche einen Job, in dem sie möglichst viel Geld verdienen und möglichst viele interessante Junggesellen kennen lernen könne. Sie hoffe, in einigen Jahren zu heiraten, aber bis dahin wolle sie gut leben. Es sei ihr gleichgültig, welche Arbeit sie mache, solange der Job diese Kriterien erfülle.

Ein Kollege von mir fand die Bewerberin schamlos, aber ich war beeindruckt – diese Frau kannte sich. Ich vermute, dass sich viele von uns in ihren Worten wiedererkennen. Aber wir haben Angst, das zuzugeben, weil ihre Ziele so forsch sind und so unangemessen klingen.

»Ich möchte in einem Unternehmen arbeiten, das gesellschaftlich verantwortlich handelt«, das sagen wir und das meinen wir. Aber vielleicht nicht auf ewig. Als diese junge Frau Anfang zwanzig war, wollte auch sie die Welt retten. Jetzt will sie sich selbst retten. Und wer weiß – vielleicht verändert sie sich nochmals.

Wenn Sie in Ihrem Beruf nicht zur Märtyrerin werden wollen, müssen Sie entscheiden, was Ihnen wichtig ist. Sprechen Sie laut mit sich selbst. Wenn Sie Ihre Vision laut aussprechen, sind Sie schon auf dem Weg dorthin. Wovon träumen Sie? Schreiben Sie Ihre Phantasien auf. Machen Sie eine Liste. Man hat uns dazu erzogen, die Bedürfnisse anderer genauer zu kennen als unsere eigenen. Aber wenn Sie nicht wissen, was Sie von der Arbeitswelt wollen, werden Sie es nicht bekommen. Und glauben Sie mir: Sie bekommen es von niemandem geschenkt.

Die höchste Befriedigung für eine berufstätige Frau ist es, mit sich, ihren Vorgesetzten und dem Unternehmen, für das sie arbeitet, zufrieden zu sein. Das alles zusammen zu erreichen ist in einem großen Unternehmen nicht einfach. Vergrößern Sie Ihre Chancen, indem Sie alles, was in Ihnen steckt, erkennen und ausschöpfen. Halten Sie alles für möglich. Seien Sie diejenige, die sagt, dass Sie es schaffen kann. Kleben Sie nicht an alten Mythen davon, was Sie nicht können. Schaffen Sie eigene Mythen, was Sie können. Wenn etwas Sie auf Ihrem Weg behindert, halten Sie inne und überlegen Sie, wie ein kreativer Umweg aussehen könnte. Verwechseln Sie niemals ein Stoppzeichen mit einer Mauer. Akzeptieren Sie, dass Sie manchmal einige Schritte zurückgehen müssen, um vorwärts zu kommen. Es gibt nichts, was Sie nicht tun können, wenn Sie es wirklich wollen.

Frauen haben der Welt so viel zu geben. Eines Tages, wenn es die »Glasdecke« nicht mehr gibt, werden wir die Arbeitswelt auf unvorstellbare Weise verändern. Bis es so weit ist, denken Sie daran: Lassen Sie es sich gut gehen. Bleiben Sie sich treu. Genießen Sie Ihr Leben. Und das Spiel.

Danksagungen

So viele Menschen haben mir im Verlauf meines Berufslebens und bei der Entstehung dieses Buches geholfen. Ich danke jeder und jedem Einzelnen von euch und wünschte, ich könnte euch alle namentlich nennen. Einige muss ich indes besonders hervorheben:
Jeanne Mintz, meine erste Vorgesetzte, die mich lehrte, dass eine Frau alles werden kann, was sie werden möchte; der ehemalige Kongressabgeordnete William Fitts Ryan, der mir zeigte, dass man niemals, egal, wie groß der Druck sein mag, seine Werte und Ideale aufgeben muss; Don Farmer und Chris Curle, für ihre Freundschaft, für alles, was sie mir über das Fernsehen beibrachten, und dafür, dass sie mir (mehr als einmal) die Chance gaben, Nachrichtensendungen im Fernsehen zu meinem Beruf zu machen; Burt Reinhardt, für sein Wissen, sein Lächeln, seine ebenso stille wie zuverlässige Unterstützung; Ed Turner, ein brillanter Autor und ein Meister des Lektorats; Tom Johnson, ein wahrhaft integrer Mann, der an mich glaubte und mir einen Platz am Tisch einräumte; Rick Kaplan, ein wahrer Vertreter des Gleichheitsprinzips und ein herausragender Fernsehproduzent; Ted Turner und Gerry Levin, für die zu arbeiten ich jeden Tag als

Privileg empfinde; Wendy Guarisco, eine ausgezeichnete Redakteurin; das Landmark Forum, wo ich lernte, dass ein Durchbruch im Privaten wie im Beruflichen immer möglich ist; Jan Miller, ein phantastischer Agent und wunderbarer Freund; Suzanne Oaks und Bob Asahina, meine großartigen Lektoren bei Broadway Books; Jane Leavey, Bobbie Goldin und Jackie Damgaard wegen ihres Zuspruchs und ihrer Freundschaft; Jarvin Levinson wegen seines Verständnisses und seines juristischen Rates; meinen Vater, dessen Stolz auf seine Tochter mich noch heute lächeln macht; meine Schwiegertöchter Laurie und Kathy und ihre wunderbaren Kinder Drew, Alec und Sarah, die Tag für Tag Freude in mein Leben bringen; meine Schwester Bonnie Reeves und meine Schwägerin Judith Evans, beide erfolgreiche Managerinnen, denen ich den Einblick in andere Aspekte amerikanischer Unternehmen verdanke; Bob Evans wegen seiner Unterstützung und seiner Ermutigungen; John Reeves, Eli Evans und Josh Evans, die wunderbaren Männer in meiner Familie; meine Schwiegermutter Sara Evans, eine geborene Geschäftsfrau; Alvin Goldstein, mein Guru, mein Coach, mein bester Freund und der Mensch, der mir die Welt der Möglichkeiten erschlossen hat; und schließlich Goode wegen der endlosen Bereitschaft, meinen Geschichten zuzuhören.

Ich möchte auch einige meiner vielen Freundinnen und Freunde, Kolleginnen und Kollegen bei CNN erwähnen, ehemalige wie gegenwärtige: Wendy Whitworth, Judy Milestone, Diane Durham, Lucy Spiegel, Jennifer Zeidman, Jennifer Maguire, Teya Ryan, Sue Bunda, Pat Mitchell, Sue Binford, Catherine Crier, Greta Van Susteren,

Julia Sprunt, Judy Woodruff, Eason Jordan, Don Smith, Steve Korn, Rick Davis, Frank Sesno, Bob Furnad, Robin Tanner, Alma Scroggins, Jane Maxwell, Dave Kohler, Patrick Reap, Carol Buckland, Chris Mould, Sid Bedingfield, Keith McAllister, Jill Neff, Joy di Benedetto, Gail Chalef, Cory Charles, Susan Toffler, Bonnie Anderson, David Bernknopf, Samantha Robinson, Renee Davis, Jodi Fleisig, Ashley Van Buren, Betsy Goldman und Joan Klunder.

Und schließlich: Gene Stone, der mich tapfer an der Hand nahm und es mir ermöglichte, dieses Buch zu schreiben. Ich bin voller Bewunderung für seine Fähigkeit, meine Reden in geschriebene Worte zu verwandeln. Die Arbeit mit ihm, das ist das Wichtigste, war eine große Freude. Seine Unterstützung und Freundschaft waren immer da, wenn ich sie brauchte.